Papus

GW01087035

Le

Tarot Divinatoire

Elibron Classics
www.elibron.com

Elibron Classics series.

© 2006 Adamant Media Corporation.

ISBN 0-543-78603-X (paperback)
ISBN 0-543-78602-1 (hardcover)

This Elibron Classics Replica Edition is an unabridged facsimile
of the edition published in 1909 by Librairie Hermétique, Paris.

LE

Tarot Divinatoire

LE
Tarot Divinatoire

CLEF DU TIRAGE DES CARTES ET DES SORTS

*Avec la reconstitution complète des 78 lames du Tarot Égyptien
et de la méthode d'interprétation*

Les 22 arcanes majeurs et les 56 arcanes mineurs

PAR

Le D' PAPUS

DESSINS DE GABRIEL GOULINAT

Reproduction de planches rares ou inédites d'Etteila et d'Eliphas Lévi

PARIS

LIBRAIRIE HERMÉTIQUE

4, RUE DE FURSTENBERG, 4

1909

INTRODUCTION

—

Le Tarot divinatoire.

Les chercheurs contemporains s'occupant d'occultisme affectent un certain mépris pour les arts divinatoires.

Cependant l'étude des tempéraments ouvre la voie à de bien précieuses découvertes médicales, la Chiromancie donne des aperçus remarquables sur la physiologie du nerf grand sympathique qui préside à la construction des traits gravés dans la peau ; mais il n'est pas de source de recherches plus féconde que l'étude des Tarots.

Tarot, Thora, Rota, Athor, cet ensemble de lames et de nombres est sans doute un des plus purs chefs-d'œuvre de l'Initiation antique et son étude a tenté bien des chercheurs.

Nous avons eu la chance il y a plus de vingt ans de retrouver la clef générale de construction du Tarot telle qu'elle était indiquée par Guillaume Postel et Eliphas Lévi, qui n'en avaient pas donné la construction. Cette construction, nous l'avons déterminée et de telle façon qu'elle répond, d'une part, intégralement au dessin de Postel, et qu'elle s'applique ensuite aux Arcanes Mineurs.

Et c'est ici qu'il faut faire une remarque capitale. La plupart des Ecrivains occultistes modernes qui se sont occupés du Tarot, manifestent un amour intensif pour l'étude des Arcanes Majeurs et un mépris non moins intensif pour les recherches concernant les Arcanes Mineurs, d'où sont issus nos jeux de cartes.

Il y a même une foule de faux systèmes d'explication du Tarot basés sur les seuls 22 Arcanes Majeurs sans tenir compte des 56 Arcanes Mineurs. C'est simplement enfantin. Le Tarot est un Tout merveilleux et le système qui s'applique au Corps, doit s'appliquer à la Tête et réciproquement.

Rappelons-nous donc que les Arcanes Mineurs sont de la plus haute importance dans l'*Étude du Tarot* comme les Maisons sont capitales dans l'étude de l'Astrologie.

Tout système physique de consultation de l'Invisible dans l'Antiquité se composait en effet de deux parties : Une partie fixe, généralement numérale ou hiéroglyphique (souvent les deux) et une partie mobile souvent hiéroglyphique et numérale.

En Astrologie la partie fixe est indiquée par le Zodiaque et les Maisons, et la partie mobile par les Planètes et leurs aspects. Des Nombres étaient attachés à chaque section, et leurs combinaisons par addition ou soustraction selon les aspects donnaient la base de cette Onomancie Astrologique, aujourd'hui presque entièrement perdue.

Le vulgaire jeu de l'oie est une adaptation du Tarot dans laquelle la partie fixe est formée de nombres et d'hiéroglyphes sur lesquels viennent rouler les nombres mobiles produits par les dés.

Dans le Tarot la partie fixe est indiquée par les quatre séries de chacune 14 Arcanes Mineurs (quatre figures, Roi, Dame, Cavalier, Valet, qui sont la représentation des Majeurs dans les Mineurs) et dix nombres allant de l'As au dix pour chaque couleur.

Le Tarot est susceptible d'une foule d'applications, et il permet de résoudre comme l'Ars Magna de Raymond Lulle, qui en est une adaptation, les plus grands problèmes de la philosophie. Mais ce n'est pas là le côté qui intéresse les femmes curieuses. Le Tarot permet de déterminer certaines lois du hasard qui le rendent applicable à la divination. On peut « Tirer les Cartes » avec le Tarot !

Etudier le tirage des cartes pour un écrivain prétendu

sérieux ! Quelle horreur. Aucune étude n'est une horreur,
et nous avons appris bien des choses curieuses en
étudiant le Tarot divinatoire. De plus, nous avons aussi
fait quelques découvertes qui vont permettre beaucoup de
précision dans le maniement du Tarot. C'est ainsi que
parcourant la carrière illustrée par Etteila, chercheur
méconnu, et par Mlle Lenormand, voyante de génie,
nous avons pu déterminer le Temps attribué par l'Antique
Egypte à chaque lame, ce qui permettra dorénavant à la
bonne tireuse de cartes de dire à quelle heure de quel
jour il y a possibilité que le bel homme brun rencontre à
la nuit, sous un retard, la jolie veuve blonde, et je vous
assure qu'il n'était pas facile de trouver de la précision
dans ce labyrinthe de l'imprécis. Et c'est justement là le
rôle des Arcanes Mineurs dans le Tarot. Aux données
générales des Arcanes Majeurs, les Arcanes Mineurs
viennent apporter la fixité et la notion du temps. C'était
là leur rôle dans l'enseignement antique de l'Astrologie,
c'est là leur rôle dans le Tarot divinatoire. On peut encore
ajouter plus de sens précis par l'emploi d'une table numérale astrologique dont nous parlerons ultérieurement.

PAPUS.

LE TAROT DIVINATOIRE

CHAPITRE PREMIER

CONSTITUTION DU TAROT

Le Tarot est, en apparence, un jeu de cartes ; mais, en réalité, c'est un très ancien livre hiéroglyphique qui vient de l'Egypte.

Nous avons consacré un volume spécial à l'étude du Tarot considéré dans son origine et dans ses applications philosophiques (1).

Pour une personne qui veut utiliser le Tarot pour l'interprétation des clichés du passé, du présent ou du futur, ces considérations ont peu de valeur. Aussi, allons-nous donner, aussi clairement que possible, l'exposé du Tarot considéré, seulement, au point de vue divinatoire.

Le Tarot se compose de 78 cartes : 56 cartes appelées arcanes mineurs et d'où sont dérivées nos cartes actuelles, et 22 autres cartes qu'on ne trouve plus dans nos cartes actuelles et qui s'appellent arcanes majeurs.

Les Arcanes mineurs se composent de quatre couleurs : les Bâtons, les Coupes, les Epées et les Deniers. Voir sur les figures ci-après.

Les Bâtons sont devenus les trèfles de nos cartes ac-

(1) Tarot des Bohémiens.

tuelles ; les Coupes sont devenues les cœurs ; les Epées
sont devenues les piques ; les Deniers sont devenus les
carreaux.

Chacune de ces couleurs comprend 14 cartes : le roi,
la dame, le cavalier ou chevalier, le valet, qui sont les
quatre figures de la couleur (roi de bâton, dame de bâton,
cavalier de bâton, valet de bâton, etc.) ; puis 10 nombres :
l'as, le 2, le 3, le 4, le 5, le 6, le 7, le 8, le 9 et le 10 ; —
ce qui fait 14 cartes pour les Bâtons ; autant pour les
Coupes ; autant pour les Epées et autant pour les Deniers : en tout 56 cartes.

Outre ces 56 arcanes mineurs, dont chacun a un sens
dans la divination et qu'on doit considérer soit droit, soit
renversé, il y a 22 cartes qu'on appelle Arcanes majeurs
ou grands atouts et qui indiquent les grands événements,
applicables aussi bien aux peuples, aux sociétés qu'aux
individus.

Ces 22 Arcanes majeurs doivent être étudiés spéciale-
ment par ceux qui veulent employer le Tarot, parce que
leurs analogues ne se trouvent plus dans les jeux actuels.

Pour faciliter l'étude, on peut considérer que les
22 Arcanes majeurs sont formés de 3 séries de 7 cartes
numérotées de 1 à 21 avec une carte numérotée 0, qui se
place entre la 20ᵉ et la 21ᵉ, et qui s'appelle le Mat ou le
Fou.

Pour le sens de ces arcanes, qui ont été travaillés pendant de longues années par Etteila, il faut se reporter aux
figures placées plus loin dans cet ouvrage et étudier ces
figures l'une après l'autre.

CHAPITRE II

(Dessin de Gabriel Goulinat.)

Arcanes majeurs.

Les arcanes majeurs sont disposés de la manière suivante :

Au centre, la figure hiéroglyphique reconstituée d'après les documents les plus authentiques que nous avons pu rassembler.

En haut, le nombre.

A gauche, les correspondances du nombre et du signe dans les alphabets. Ces alphabets sont : 1° le français, 2° l'hébreu, 3° le sanscrit, 4° le signe égyptien correspondant, 5° le signe Watan d'après l'Archéomètre de Saint-Yves d'Alveydres et par autorisation spéciale de l'auteur.

Ces correspondances seront précieuses pour les occultistes de toute Ecole et les chercheurs des Hautes Sciences.

En bas, le sens traditionnel de la lame en gros caractères. Puis au-dessous, les trois sens spirituel, moral ou alchimique et physique. Ce dernier terme est celui utilisé pour la Divination. Il suffit donc de lire pour le Tarot divinatoire le nom qui est tout au bas de chaque lame.

A droite, sont établies les correspondances astronomiques qui permettent de préciser le jour ou le mois.

Nous engageons les lecteurs à découper 78 lames de fort carton de $0^m,10$ de large sur $0^m,17$ de long et à coller sur ces cartons chacune des 78 lames. On aura ainsi le moyen d'étudier avec fruit le Tarot divinatoire.

Nous donnons à côté un exemple des arcanes majeurs (arcane 8) et un des arcanes mineurs (2 de coupes).

On trouvera toutes les planches à la fin du volume pour plus de facilité.

H
Français

⊓
Hébreu

ᚲ
Sanscrit

HↃ·ΛΛ
Egyptien

Ꝑ
Archéomètre
de Saint-Yves

LA JVSTICE

Le Cancer
20 Jvin

Eqvilibre Vniversel
Répartition
Jvstice

48

D'Etteïla

Amour

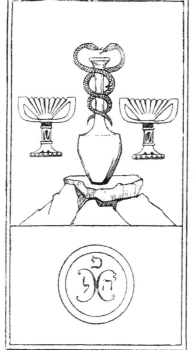

LE SALUT

JUIN
du 10 au 20

———

P. L. = 1ʳᵉ nuit

———

12 h. 30

Désir

Deux de Coupes

CHAPITRE III

Arcanes majeurs.

Signification au point de vue divinatoire.

Les arcanes majeurs sont constitués par 22 lames sym-
boliques. Nous ne les avons pas encore étudiées au point
de vue du Tarot divinatoire.

Leur sens est assez facile à retenir si l'on veut bien
prendre la peine de les considérer une à une à mesure
que leur signification est décrite.

Une règle générale va, du reste, aider encore la mémoire à ce sujet ; c'est que les sept premières cartes indiquent surtout le *côté intellectuel* de l'homme, les sept suivantes, son *côté moral* et enfin les sept dernières, les
divers *événements de sa vie matérielle.* Ceci dit, établis-
sons le sens des 22 lames de notre Tarot :

1. Le Bateleur,	signifie :	le Consultant.
2. La Papesse,	—	la Consultante.
3. L'Impératrice,	—	Action. Initiative.
4. L'Empereur,	—	Volonté.
5. Le Pape,	—	Inspiration.
6. L'Amoureux,	—	Amour.
7. Le Chariot,	—	Triomphe. Protection providentielle.

8. La Justice,	—	Justice.
9. L'Ermite,	—	Prudence.
10. La Roue de fortune,	—	Fortune. Destinée.
11. La Force,	—	Force.
12. Le Pendu,	—	Epreuve. Sacrifice.
13. La Mort,	—	Mort.
14. La Tempérance,	—	Tempérance. Economie.
15. Le Diable,	—	Force majeure. Maladie.
16. La maison de Dieu,	—	Ruine. Déception.
17. Les Etoiles,	—	Espérance.
18. La Lune,	—	Ennemis cachés. Danger.
19. Le Soleil,	—	Bonheur matériel. Mariage fécond.
20. Le Jugement,	—	Changement de position.
21. Le Mort,	—	Coup de tête. Folie.
22. Le Monde,	—	Réussite assurée.

Base de l'application de ces données.
Etablissement du sort.

Nous sommes à même dès maintenant de manier notre Tarot au point de vue divinatoire.

Cependant, avant d'aborder ce sujet, il est de toute nécessité d'établir le plan qu'on suivra dans la disposition des cartes.

Connaître le sens des lames n'est, en effet, que la première partie de l'art de la cartomancie, mais savoir les placer est encore plus important. Ainsi que nous l'avons déjà dit, on ne devrait pas sortir des données astronomiques et le Tarot ne devrait être employé que pour figurer les révolutions des astres, source des événements futurs; mais c'est là le domaine de l'Astrologie et nous devons nous cantonner dans celui du tirage des Tarots gouvernés par le Hasard.

Nous allons toutefois donner le plus grand nombre possible d'éléments positifs dans cette étude. Il suffit de se reporter au commencement de cette troisième partie (Clef des applications du Tarot), pour voir que la vie humaine évolue à travers quatre grandes périodes désignées sous les noms de :

> Enfance.
> Jeunesse.
> Age mûr.
> Vieillesse.

Si l'on ne s'occupe pas de la Vie humaine et qu'on veuille seulement voir l'évolution *d'un événement*, celui qui passera également pour les quatre grandes phases évolutives de :

> Commencement.
> Apogée.
> Déclin.
> Chute.

Nous aurons donc tout d'abord à bien déterminer, dans les places que vont occuper les cartes, quatre points opposés deux à deux, sur lesquels nous placerons plus tard les lames qui vont nous révéler l'inconnu.

Voilà donc notre premier point bien établi : *détermination des quatre places qu'occuperont les cartes.*

4
Apogée.
Jeunesse.

1   **3**
Commencement.   Déclin.
Enfance.   Age mûr.

2
Chute.
Vieillesse.

On remarquera que la disposition des points va de *gauche à droite* ainsi que l'indique l'ordre des nombres, tandis que les symboles se lisent de *droite à gauche.*

La Vie humaine ou l'Evénement se meut dans trois périodes bien distinctes :

Le Passé.
Le Présent.
L'Avenir.

Ce qui nous donne la nouvelle figure suivante :

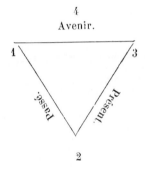

Au centre de laquelle se trouve le Consultant.

La disposition du triangle suit la marche des chiffres et non celle des symboles.

Cependant comme quatre points ne suffisent pas pour reproduire exactement la marche du Soleil dans le ciel, nous prendrons pour les grands tirages du Tarot douze points correspondant aux douze mois de l'année. La figure que nous avons obtenue là nous servira toutefois à consulter le Tarot sur les petits événements. En résumé, nous obtiendrons la figure suivante que nous devons bien retenir pour la disposition de nos cartes au sujet des grands événements de toute une vie.

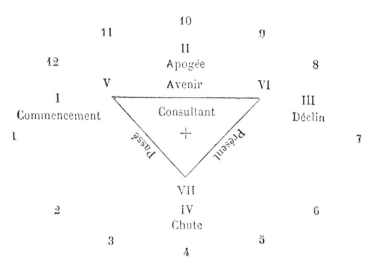

Cette figure, très importante à bien étudier, est composée de trois cercles.

1° Un cercle extérieur formé *de douze cases* qui seront remplies par *les arcanes mineurs*. Les cases sont disposées ainsi que l'indiquent les nombres de *gauche à droite*.

2° Un second cercle intermédiaire composé de quatre cases disposées de *droite à gauche*.

3° Enfin un cercle central formé par le triangle et contenant une case à chaque pointe du triangle, ce qui donne trois cases comme total.

Ces trois dernières cases et les quatre précédentes seront remplies par *les arcanes majeurs*.

Au centre de la figure sera le Consultant ou la Consultante, suivant les cas.

Tirage du Tarot.

I. — Procédé rapide :

Supposons qu'il s'agisse de tirer l'horoscope pour une affaire quelconque. Comment faut-il s'y prendre ?

1° Vous prenez les arcanes mineurs et vous séparez du tout la couleur qui se rapporte au genre de la consultation demandée.

S'il s'agit d'une *affaire qu'on va entreprendre*, vous prenez les Bâtons.

S'il s'agit d'une *affaire d'amour* vous prenez les Coupes.

D'une *affaire de procès*, de lutte quelconque, vous prenez les Epées.

D'une *affaire d'argent*, les Deniers.

2° Vous battez les cartes choisies, puis vous faites couper la personne qui consulte.

3° Alors vous prenez les quatre premières cartes qui sont sur le jeu et vous les disposez sans les regarder en croix de la manière suivante et de gauche à droite, ainsi que l'indiquent les nombres.

Vous prenez alors vos arcanes majeurs (qui doivent toujours être séparés des arcanes mineurs), vous les battez et vous faites couper.

5° Cela fait, vous faites choisir au hasard *sept cartes* de ces arcanes majeurs par le Consultant qui vous les donne sans les regarder.

6° Vous battez ces sept cartes, vous les faites couper et vous prenez les trois premières cartes qui sont sur le jeu et vous les disposez, sans les regarder, en triangle dans l'ordre suivant :

I   II
III

Vous obtenez ainsi la figure suivante :

7º Alors vous relevez vos cartes de façon à les voir et vous lisez le sens des oracles en remarquant que la carte placée au nº 1 indique le *Commencement*.

Celle placée au nº 2 indique *l'apogée*, celle placée au nº 3 indique les *obstacles*, enfin celle placée au nº 4 indique *la chute*.

L'arcane majeur placé en I indique ce qui a influé sur *le Passé* de l'affaire.

L'arcane majeur en II indique ce qui influe sur le *Présent* de cette affaire.

Enfin celui placé en III indique ce qui influera *sur l'Avenir* et le déterminera.

Toutes ces choses se font très vite quand on en a pris l'habitude. Un point important à noter c'est que, quand on tire par le procédé rapide, les figures ne représentent plus exclusivement des personnes d'une couleur de cheveux particulière. Le Roi représente un homme sans autre distinction, la Dame une femme, le Cavalier un jeune homme et le Valet un enfant.

II. — Procédé développé :

1º Vous mêlez les arcanes mineurs tous ensemble et vous faites couper.

2º Vous prenez les douze premières cartes sur le jeu et vous les placez en cercle ainsi qu'il suit.

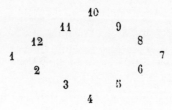

3° Vous mêlez les arcanes majeurs et vous faites couper. Puis vous faites choisir *sept cartes* par la personne qui consulte.

4° Vous prenez les quatre premières de ces cartes sur le jeu et vous les disposez en face des lames placées aux nᵒˢ 1, 10, 7, 4, ainsi :

II

I   III

IV

5° Enfin, vous placez les trois dernières en triangle au centre de la figure ainsi :

V   VI

VII

Vous obtenez ainsi la figure générale suivante déjà donnée plus haut :

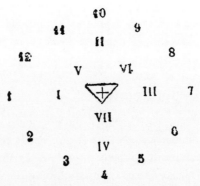

Au centre de cette figure vous placez le Consultant s'il

n'est pas sorti dans les cartes tirées. Si le Consultant ou la Consultante sont sortis, vous les placez au centre, et vous les remplacez par une nouvelle carte des arcanes majeurs choisie par la personne qui vient vous consulter.

Les 12 arcanes mineurs indiquent les différentes phases par lesquelles passe la vie de l'individu ou l'évolution de l'événement pendant les quatre grandes périodes :

Commencement indiqué par l'arcane majeur I qui en montre le caractère, *Apogée* (arc. II), *Déclin ou Obstacle* (arc. III), *Chute* (arc. IV).

Enfin les trois arcanes majeurs placés au centre indiquent le caractère spécial de l'horoscope dans le *Passé* (V), dans le *Présent* (VI) et dans l'*Avenir* (VII).

L'avenir est indiqué dans les arcanes mineurs par les lames placées de 7 à 12. Le passé par celles placées de 1 à 4, et le présent, par celles placées de 4 à 7.

Tous ces chiffres indiquent les numéros des *places* occupées par les arcanes eux-mêmes. Ceci est important à noter pour ne pas croire que c'est toujours l'arcane VII qui doit revenir à la place numérotée VII. Nos lectrices sont du reste assez intelligentes pour qu'il me soit inutile d'insister davantage.

L'explication du sens des arcanes ne saurait offrir aucune difficulté, après qu'on aura lu les leçons 2 et 3.

La pratique enseignera du reste mieux tous ces détails que toutes les théories du monde.

Le Tarot

Manière d'opérer pour obtenir des oracles.

(J.-G. Bourgeat, *Le Tarot*. Chacornac, éditeur.)

Nous empruntons à l'excellent ouvrage de M. Bourgeat (*Le Tarot*) l'étude suivante :

LE TAROT (1)

De la manière d'opérer pour obtenir des oracles.

I

La Colombe. — Otez du jeu (toujours comme nous l'avons indiqué) autant de cartes qu'il y a de lettres dans le prénom habituel de la personne aimée ; cherchez ensuite, dans le jeu, la carte du consultant (arcane XXII) ainsi que la carte qui doit représenter la personne aimée (valet, dame ou roi) ; joignez ces deux cartes à celles obtenues précédemment et étalez cet ensemble en demi-cercle, la figure en dessous.

Alors, très lentement, prenez ces cartes une par une, au hasard, et posez-les très lentement l'une près de l'autre en les retournant et en formant un demi-cercle (toujours de gauche à droite).

L'interprétation terminée, on relève ces cartes, on les mêle et l'on forme trois tas :

Le premier tas pour le consultant ou le cœur du consultant.

Le second pour le cœur de la personne aimée.

Le troisième tas pour l'imprévu.

II

L'Epervier. — L'opération est absolument la même, mais au lieu de concerner une personne aimée, elle a trait à un ennemi.

On termine par les trois tas suivants :

Le premier tas pour le consultant.

Le second tas pour l'ennemi.

Le troisième tas pour l'imprévu.

III

Les perles d'Isis. — On ôte du jeu sept cartes que l'on recouvre par sept autres en formant des croix.

On interprète ces cartes l'une après l'autre.

Nous terminerons en signalant la méthode des gitanes extraite d'un grimoire catalan (1).

La voici dans toute son originalité, en langue espagnole, suivie de sa traduction en français :

« Para advinar con los naipes segun el metodo de las Gitanas.

« Toma toda la baraja, y despues de haberla bien barajo haras doce montones de à cuatro naipes cada uno.

« Reducirás al primer monton todas las cuestiones que conciernen à la vida del hombre, su constitucion, su temperamento, su cuerpo, sus costumbres y la duracion de su vida.

« Al secundo monton : su fortuna ô pobreza, sus posesiones, comercio y empresas.

« Al tercer monton : sus asuntos de familia.

« Al quarto monton : los bienes immuebles, las herencias, los tosoros ocultos y los beneficios que le esperan.

« Al quinto monton : el amor, la preñez de las mugeres, el nacimiento, el sexo y número de los niños, las correspondencias amorosas y los robos domésticos.

« Al sexto monton : las enfermedades, sus causas, su tratamiento y curacion.

« Al septimo monton : el matrimonio y las enemistades.

« Al octavo monton : la muerte.

« Al nono monton : las ciencias y artes, los oficios y varias profesiones del hombre.

« Al décimo monton : todo objeto que tenga relacion con el gobierno y la administracion del Estado.

_____

(1) *El libro negro...* Manuel Sauri, editor, Barcelona.

« Al undecimo monton : la amistad, la beneficencia y los sentimientos generosos.

« Al duodecimo monton : los males, pesares y persecuciones de toda clase.

« Para resolver una cuestione no es bastas un solo monton, sino que es preciso tomar tres para formar el Trigono. Estos trigonos son en numero de cuatro, á saber :

1	5	9
2	6	10
3	7	11
4	8	12

« Supangamos por ejemplo, que tu cuestion sea : Tal persona es amada por tal otra ?

« Eta cuestion pertenece al quinto monton : la tomas toda y cocolas enfila los cuatro naïpes. — Tomas enseguida la nona y coloeas los naïpes debajo de aquellas.

« Luego tomas *la primera*, y colocas los naïpes en tercera linea. »

Traduction :

Prends tout le jeu, et après l'avoir bien battu, tu feras douze tas de quatre cartes chacun.

Tu rapporteras (reduiras) au premier tas, toutes les questions qui concernent la vie de l'homme, sa constitution, son tempérament, son corps, ses coutumes et la durée de sa vie.

Au second tas : sa fortune ou pauvreté, ses possessions, commerce ou entreprises.

Au troisième tas : sa famille, parents ou alliés.

Au quatrième tas : les biens immeubles, les héritages, les trésors occultes et les bénéfices que l'on espère.

Au cinquième tas : l'amour, la grossesse des femmes,

la naissance, le sexe et le nombre des enfants, les correspondances amoureuses et les vols domestiques.

Au sixième tas : les maladies, leurs causes, leur traite-
ment et leur guérison.

Au septième tas : le mariage et les inimitiés.

Au huitième tas : la mort.

Au neuvième tas : les sciences, les arts, les emplois et
les différentes professions de l'homme.

Au dixième tas, toute chose qui a des relations avec le
gouvernement de l'administration de l'Etat.

Au onzième tas : l'amitié, la bienfaisance et les sentiments généreux.

Au douzième tas : les maux, chagrins et persécutions
de toutes sortes.

Pour résoudre une question, il ne suffit pas de prendre
un seul tas, mais bien trois pour former le trigone.

Ces trigones sont au nombre de quatre, savoir ;

1	5	9
2	6	10
3	7	11
4	8	12

Supposons, par exemple, que la question soit : Telle
personne est-elle aimée par telle autre ?

Cette question appartient *au cinquième tas* : — tu le
prends et tu places les quatre cartes en file. Tu prends ensuite le neuvième tas et tu en places les cartes dessous.
Tu prends enfin le premier tas et tu places encore les
cartes dessous, en troisième ligne.

Reste l'interprétation.

*Cette Méthode de Bohémiens est une adaptation des Maisons
Astrologiques au Tarot* (PAPUS).

Interprétations des 32 cartes

(D'après le célèbre Moreau).

Les rois.

Celui Denier : militaire ; (renversé) : homme de campagne.

Celui Coupe : homme d'affaire blond ; renversé : homme de tout cœur.

Celui Epée : homme de robe ; renversé : homme méchant.

Celui Bâton : homme brun, fidélité ; renversé : maladies d'hommes.

Les Dames.

Celle Denier : femme traîtesse ; renversée : femme de campagne.

Celle Coupe : bonne femme blonde ; renversée : bonne femme.

Celle Epée : femme veuve ; renversée : femme méchante.

Celle Bâton : femme d'amour ; renversée : indécision.

Les valets.

Celui Denier : traître ; renversé : domestique.

Celui Coupe : jeune homme blond ; renversé : pensées de l'homme blond.

Celui Epée : traître ; renversé : maladie.

Celui Bâton : homme fidèle ; renversé : indécision.

Les As.

Celui Denier : grande nouvelle; renversé : lettre, billet.

Celui Coupe : maison de bon cœur ; renversé : maison de faux cœur.

Celui Epée : .procès, grossesse ; renversé : lettre, bagatelle.

Celui Bâton : argent ; renversé : amour.

Les dix.

Celui Denier : campagne sûre ; renversé : retard.

Celui Coupe : repos de tout cœur ; renversé : repos de faux cœur.

Celui Epée : ennui ; renversé, pleurs.

Celui Bâton : fortune ; renversé : amours.

Les neuf.

Celui Denier : route, voyage ; renversé : retard.

Celui Coupe : victoire ou présent ; renversé : grande victoire.

Celui Epée : mort ; renversé : prison.

Celui Bâton : argent ; renversé : roue de fortune.

Les huit.

Celui Denier : démarche ; renversé : même signification.

Celui Coupe : fille blonde ; renversé : grande joie.

Celui Epée : chagrin violent ; renversé : inquiétude

Celui Bâton : déclaration d'amour ; renversé, jalousie.

Les sept.

Celui Denier : querelle ; renversé : caquets.
Celui Coupe : enfant blond ; renversé : enfant.
Celui Epée : fille brune ; renversé : caquets.
Celui Bâton : enfant brun; renversé : bâtard.

Manière de tirer les cartes par 15.

Le tirage des cartes par 15, suivant la méthode fran
çaise, étant le plus généralement employé, nous com-
mençons par lui d'abord. — Vous prenez un jeu de 32
cartes : après l'avoir bien battu, vous coupez si vous opé-
rez pour vous, ou vous faites couper, toujours de la main
gauche, la personne pour qui vous les faites ; puis, faisant
deux paquets de 16 cartes chacun, vous choisissez ou faites
choisir l'un de ces deux paquets ; alors vous mettez de
côté la carte de dessous, qui sera la surprise ; vous étalez
ensuite les 15 autres devant vous, de gauche à droite, en
regardant d'abord si la personne représentant le consultant fait partie de ces 15 cartes. Si par hasard elle ne s'y
trouve pas, il faudrait de nouveau rebattre les 32 cartes et
recommencer l'opération jusqu'à ce que cette carte se
trouve dans le paquet choisi.
Par exemple, supposons qu'en tirant les cartes, après
les avoir battues et coupées, dans le tas que le consultant a choisi il s'y trouve les 15 cartes suivantes :
L'as de cœur, le neuf de trèfle, le roi de cœur, le dix
de carreau, le neuf de cœur, le huit de cœur, l'as de carreau, le valet de carreau, la dame de pique, l'as de trèfle,
le neuf de carreau, le sept de carreau, le sept de cœur, et
le huit de trèfle, carte de réserve.
Voilà la solution des 15 cartes : l'as de cœur étant suivi
du neuf de trèfle, du roi de cœur, du dix de carreau, du

neuf de cœur, du huit de cœur et de l'as de carreau, ces
sept cartes dénotent grand profit, grande réussite commerciale et solution d'affaires. Le valet de carreau, dame
de pique, as de trèfle, neuf de carreau, sept de trèfle, sept
de cœur et la carte de surprise étant le huit de trèfle, ces
huit cartes, suivies des sept premières, annoncent surprise d'un militaire, campagne et grand bénéfice, pour
telle personne que ce soit.

Voilà la première solution.

Alors vous rabattez vos 15 cartes, vous en faites trois
tas, en mettant toujours une carte à part, après avoir fait
couper les cartes pour la personne ; cela se fait par trois
fois. L'on observera que, pour la carte, l'on prend ou la
première carte ou la dernière, que l'on joint à celle déjà
mise de côté pour la surprise ; puis vous demandez (toujours au consultant) qu'il désigne un paquet pour lui, un
pour la maison et un pour ce qu'il n'attend pas. Ces paquets étant désignés, vous les retirez l'un après l'autre ;
vous en donnez successivement l'explication suivant la
valeur individuelle et la valeur relative des cartes qui la
composent, et vous terminez par le paquet de la surprise.

Les cartes tirées par 21.

Les 32 cartes, une fois battues, vous rejetez les 11 premières, puis vous étendez les 21 autres de gauche à
droite, et si le consultant se trouve dans ces 21 cartes, on
fait l'explication ; mais s'il ne s'y trouve pas, on recommence tel qu'il est indiqué dans les cartes tirées par 15.
On opère de même, car la seule différence consiste en ce
que les trois paquets, pour le consultant, pour sa maison,
ou pour ce qu'il n'attend pas, sont de six cartes, alors
que le paquet appelé la surprise n'est que de trois.

Les cartes tirées par 3.

Lorsque l'on a bien mêlé les cartes, ou fait couper de la main gauche, et l'on retourne les cartes successivement et trois par trois. Chaque fois que dans trois cartes il s'en trouve deux de même couleur, l'on met de côté la plus forte des deux ; s'il arrive que les trois cartes soient de la même couleur ou de même valeur, comme trois rois, trois dames, trois as, etc., on les met tous les trois de côté ; puis on rebat de nouveau les cartes qui restent, on fait couper, et, recommençant à tirer par trois, on continue jusqu'à ce qu'il se trouve 15 cartes de côté, et que le consultant s'y trouve inclus, car, s'il n'y était pas, il faudrait recommencer jusqu'à ce qu'il y vînt ; alors on prend ces 15 cartes, ensuite l'on opère pour le reste comme nous l'avons enseigné par les cartes tirées par 15.

Les cartes tirées par 7.

La méthode de tirer les cartes par 7 diffère peu de celle de les tirer par 3 : une fois les cartes battues et coupées, vous rejetez les six premières, et mettant la septième de côté, vous continuez ainsi jusqu'à la fin du jeu, en recommençant trois fois : le produit est alors de douze cartes. Si le consultant n'est pas dans ces douze cartes, il faut recommencer l'opération. La manière d'expliquer les rencontres ou le rapprochement des cartes est toujours fait de même.

Les cartes tirées par 22
ou Formation de la grande Etoile.

En supposant que le consultant est un homme blond, on le représente par le roi de cœur ; alors prenant cette carte, on la pose sur la table, la face découverte. Cela

étant fait, l'on bat les 31 cartes qui restent à la main, l'on
fait couper le consultant, puis l'on rejette les dix premières
cartes, et l'on place la onzième en travers sous les pieds
du roi de cœur ; l'on fait couper de nouveau ; alors l'on
met la carte de dessus à la tête du consultant (ou le roi
de cœur) ; puis opérant toujours de même, l'on place successivement toutes les cartes dans l'ordre que représentent
les chiffres du tableau ci-contre (1).

Comme on le voit, les 21 cartes qui environnent le roi
de cœur sont : l'as de pique, l'as de trèfle, l'as de carreau,
le huit de cœur, le valet de cœur, la dame de pique, la
dame de trèfle, le huit de pique, le valet de carreau, le
dix de carreau, le sept de cœur, le sept de trèfle, le dix
de trèfle, le neuf de pique, le huit de carreau, le valet de
pique, le roi de pique, le sept de pique, le dix de cœur,
et le sept de carreau ; les cartes sorties successivement
devront former l'ensemble suivant.

Pour expliquer ces cartes, vous commencerez par le
plus long rayon, qui se trouve être le n° 16 ou huit de
carreau, et où se lit le mot *départ* que vous joignez avec
le n° 14 ou le neuf de pique ; en conséquence, vous re-
portant à l'interprétation particulière des cartes, vous en
tirerez l'interprétation et continuant de les expliquer deux
par deux dans le tour du plus haut rayon. Vous passez
ensuite à l'explication des cartes formant les rayons de
seconde grandeur, en commençant par la gauche et avan-
çant vers la droite ; dix de carreau avec dame de pique,
et ainsi de suite.

Vous faites de même pour expliquer les quatre cartes
formant les rayons du centre : as de carreau avec huit de
cœur, as de pique avec as de trèfle.

Il reste une dernière carte à expliquer sur les pieds du
roi de cœur ; cette dernière tirée est le sept de carreau :
on l'interprète suivant qu'il en est parlé plus haut au tableau de la signification individuelle des cartes.

(1) Voir le tableau.

Méthode italienne.

Quoique la méthode italienne soit la moins utilisée de toutes, elle est pourtant indispensable au véritable cartomancien. Les personnes qui ne consultent les cartes que par distraction, peuvent se dispenser d'en faire usage, mais l'homme qui opère dans l'intérêt seul de la science, ne doit rien omettre de ce qui peut jeter dans son esprit une lumière nouvelle. Ce n'est pas que la méthode italienne diffère beaucoup de la méthode française, la différence qui existe entre elles consiste seule dans la manière d'obtenir les cartes que l'on doit expliquer. Voici le procédé de cette méthode.

Après que l'on a battu les cartes, on les coupe, si l'on opère pour soi-même, ou on les fait couper par le consultant, si l'on opère pour autrui (toujours il faut couper de la main gauche).

Vous retournez ensuite les cartes trois par trois. Toutes les fois que parmi ces trois cartes il s'en trouve deux de même couleur, on met de côté la plus forte des deux ; si elles sont toutes trois de même couleur, on les met toutes de côté ; si elles sont toutes trois de couleurs différentes, on n'en prend aucune. On bat de nouveau les cartes, à l'exception de celles mises de côté ; on fait couper et l'on recommence à tirer par trois, jusqu'à ce que l'on ait ainsi obtenu 15 cartes, dans lesquelles doit se trouver celle du consultant. Si par hasard elle ne s'y trouvait point, il faudrait recommencer le coup jusqu'à ce qu'il y soit. On étend ensuite ces 15 cartes de gauche à droite, la face découverte. Cela fait, on examine l'ensemble. — Supposons donc que la consultante soit une femme blonde représentée par la dame de cœur, et que les 15 cartes soient rangées ainsi :

As de carreau,
Huit de cœur,
As de pique,
Dame de trèfle,
Huit de pique;
Dame de cœur,
Valet de carreau,
Huit de carreau.

Sept de trèfle,
Roi de cœur,
Neuf de pique,
Sept de cœur,
Huit de carreau,
Dix de trèfle,
Sept de pique,

Vous examinerez d'abord l'ensemble, et remarquant qu'il s'y trouve deux as, vous donnez l'explication d'après l'interprétation relative que nous avons enseignée antérieurement. Vous faites de même pour les deux dames, les deux dix, les trois huit et les trois sept.

Cela étant terminé, vous comptez un sur la Dame de cœur, que représente la consultante, deux sur le valet de carreau, trois sur le dix de carreau, quatre sur le sept de trèfle, cinq sur le roi de cœur. Vous vous arrêtez là, et vous expliquez la rencontre comme il est dit dans la méthode française.

Vous recommencez en comptant un sur le roi de cœur, où vous vous êtes arrêté, et vous arrivez à cinq, qui est le dix de trèfle; puis, continuant ainsi de cinq en cinq, vous donnez l'explication sur la cinquième, jusqu'à ce que cette cinquième se trouve être le consultant.

Vous prenez ensuite les cartes deux par deux, une à droite et une à gauche et vous en donnez l'explication comme dans la méthode française.

Battez les cartes; maintenant faites couper et faites-en cinq paquets, la figure en dessous, en posant successivement une carte pour le premier paquet, qui est pour le consultant, une carte pour le deuxième paquet, qui est pour la maison, une carte pour le troisième paquet, qui est pour ce que l'on attend, une carte pour le quatrième paquet, qui est pour ce que l'on n'attend pas, une carte pour le cinquième paquet, qui est la surprise. On continue ainsi jusqu'à la dernière carte, qui est mise de côté pour ce que l'on appelle la consolation. Il en résulte que le paquet de la surprise ne se compose que de deux cartes, tandis que les quatre autres en ont trois.

Vous relevez ensuite ces paquets l'un après l'autre, en commençant par le premier, et vous en donnez l'explication d'après l'interprétation relative enseignée.

Observations générales.

Comme il ne serait pas possible de donner des solutions à chaque changement de cartes, il ne s'agit donc que de bien se renseigner sur la signification des 32 cartes dont il est parlé plus haut, en observant de même, dans le cours de ce volume, la manière qui est dépeinte pour les tirer par sept, par quinze et par vingt et une, ou tout autrement, et l'on pourra par ce moyen être son oracle soi-même.

Lorsqu'il se trouve, en tirant les cartes, dans le jeu de la personne pour qui on les fait, les quatre as avec les quatre dix, c'est grand profit, grand gain pour la personne, soit de loterie, soit d'héritage ; les quatre rois, grande réussite ; les quatre dames signifient grand caquet contre la personne ; les quatre valets signifient dispute d'hommes et bataille.

Il faut aussi observer, en tirant les cartes par quinze ou vingt et une, que si la majeure partie se trouve en cartes blanches, c'est grande réussite pour la personne ; s'il se trouvait les cinq basses cartes de pique, c'est que la personne apprendrait la mort de quelqu'un de ses parents ou de ses amis ; s'il se trouvait les cinq bases cartes de trèfle, ce serait gain de procès ou tout autre ; s'il se trouvait les cinq basses cartes de carreau et de cœur, ce serait de bonnes nouvelles de campagne et de personnes de tout cœur qui s'intéressent pour que la personne pour qui on opère soit homme de bien.

Si c'est une séparation de corps et de bien, il faut faire le coup de vingt et une cartes ; si les quatre neuf s'y trouvent, c'est une séparation assurée ; et si les quatre dames s'y trouvent, jamais ils ne se sépareront.

Si c'est une jalousie bien fondée, il se trouvera dans les quinze cartes, sept carreaux, et si cette jalousie est mal fondée, il s'y trouvera cinq cœurs avec le sept de trèfle.

Si c'est une entreprise de tel genre qu'elle puisse être, il faut quatre as et le neuf de cœur pour la réussite : si le neuf de pique se trouve devant la personne, elle ne réussira pas.

Si c'est pour quelque jeu de hasard, il faut, dans le coup de vingt et un, les huit trèfles, les quatre as et les quatre rois pour gagner.

Si l'on veut savoir si un enfant se portera au bien et s'il conservera son patrimoine, les quatre as forment assurance de bien et une alliance proportionnée à ses sentiments : si c'est une demoiselle, il faut les quatre huit et le roi de cœur, qui nous présagent la paix, la concorde dans son ménage.

Pour savoir combien de retard les personnes auront pour leur mariage, soit par années, soit par mois, soit par semaines ; si c'est par années, le roi de pique se trouvera avec la dame de cœur, l'as de pique et le huit de carreau. Chaque autre huit sera d'autant d'années de retard : chaque neuf sera autant de mois ; chaque sept autant de semaines.

Pour savoir si un homme parviendra dans l'art militaire, les quatre rois doivent se trouver avec les quatre dix, et si, par hasard, les quatre as s'y trouvaient, alors il doit parvenir au plus haut grade, selon sa capacité. Pour un changement de bien ou un changement de place, de tel état que soit la personne, maître, maîtresse ou domestique. Si c'est un maître ou une maîtresse, il faut quatre valets, le dix et le huit de carreau, le dix de trèfle, pour la réussite de ses affaires ; s'il s'y trouve le

neuf de carreau, c'est un retard ; si c'est un domestique, il
faut le dix et le sept de carreau, le huit de pique et les
quatre dames, pour la réussite de ses affaires.

Méthode originale et inédite d'Etteila pour le tirage des Tarots.

(D'après un de ses plus rares ouvrages.)

Nous venons d'exposer une méthode en grande partie
personnelle ; aussi comme nous n'avons jamais eu l'intention d'accaparer le monopole de l'art de la Cartomancienne, nous allons dire quelques mots de la méthode du
Grand-Maître en cette partie de l'occultisme.

Etteila !

Etteila, de son vrai nom Aliette, était un garçon coiffeur
qui vécut à l'époque de la Révolution. Etant tombé par hasard sur un jeu de Tarot, il fut intrigué par sa bizarrerie
et se mit à l'étudier. Son étude dura trente ans au bout
desquels il crut avoir retrouvé le secret de ce livre égyptien. Etteila ne possédait malheureusement aucune donnée
synthétique, ce qui le conduisit à écrire des rêveries pi-
toyables à côté des résultats d'intuition vraiment merveilleux. On a trop de tendances à calomnier cet ardent
travailleur, il faut reconnaître la part réelle de vérité con-
tenue dans ses œuvres, sans prendre trop garde aux naï-
vetés qui les déparent.

Quoi qu'il en soit, Etteila appliqua toutes ses connaissances à dire la bonne aventure et, si l'on en croit ses contemporains, il s'acquitta merveilleusement de son emploi.
Aussi devint-il le Dieu des tireuses de cartes futures qui
ne jurent plus que par lui.

Voilà pourquoi nous nous contenterons de donner sa
méthode en détail jugeant inutile de parler de celles de ses

successeurs en jupons qui n'ont fait que le travestir sans le comprendre.

Il faut quatre coups pour tirer complètement les Tarots suivant cette méthode ; nous allons les énumérer un à un.

Premier coup. — Mêlez toutes les cartes du Tarot sans vous occuper des arcanes majeurs et des mineurs. Cela fait, coupez et partagez votre jeu en trois paquets de chacun 26 cartes (1) ainsi :

26   26   26

Prenez le paquet du milieu et mettez-le de côté à votre droite. Ainsi :

26   26   26 de côté.

Il vous reste deux paquets de 26 cartes. Vous les prenez, vous mêlez les cartes, vous coupez, et vous partagez en trois paquets de chacun 17 cartes.

17   17   17
1

Il vous reste une carte dont vous ne vous inquiétez pas autrement. Vous prenez alors le paquet du milieu et vous le mettez à votre droite, à côté de celui de 26 cartes qui y est déjà.

Ainsi :

17   17   17   26 de côté.

1

---

(1) Etteila a parfaitement vu que le nombre 26 correspondait au nom divin יהוה dont la somme donne

$$10 + 5 + 6 + 5 = 26$$
iod hé vau hé

Vous prenez ensuite les 35 cartes qui ne sont pas mises de côté, vous les mêlez bien, vous faites couper, et vous les partagez en trois tas de chacun 11 cartes, ainsi :

$$11 \qquad 11 \qquad 11$$
$$2$$

Il reste deux cartes dont vous ne vous inquiétez pas ; cela fait, vous prenez comme avant le paquet du milieu et vous le placez à droite à côté des deux autres qui y sont déjà, ainsi :

$$11 \qquad 11 \qquad 11 \qquad 17 \qquad 26$$
$$2$$

Cela fait, vous réunissez en un paquet les cartes que vous n'avez pas mises de côté et vous voilà prêt à expliquer les oracles.

. .

Pour cela, vous prenez d'abord le paquet de 26 cartes, qui est de côté et vous l'étalez sur la table, carte par carte, en allant de droite à gauche ainsi :

$$26 \ . \ . \ . \ . \ . \ . \ . \ 1$$

Vous prenez le paquet de 17 cartes que vous étalez de même sous le premier, ainsi que le paquet de 11 que vous étalez sous les deux autres. Vous obtenez en définitive la disposition suivante :

Ame   26. 1
Esprit   17. 1
Corps   11. 1
Paquet de rebut
24

Vous expliquez alors le sens de ces cartes en faisant at
tention que le tas inférieur de 11 cartes s'adresse au *Corps*,
le tas moyen de 17 cartes à l'*Esprit*, et enfin le tas supé-
rieur de 26 cartes à l'*Ame* du Consultant.

Etteila déduit de cette manière de tirer les cartes des
considérations subtiles sur la création du Monde, la Kab-
bale et la Pierre philosophale. Il est inutile pour l'instant
de nous y attarder. Passons plutôt à l'étude de la suite du
tirage du Tarot.

Deuxième coup. — Remêlez toutes vos lames (les 78)
et faites couper. Prenez alors sur le jeu les 17 premières
cartes que vous disposerez ainsi :

17. 1

Regardez vivement la dix-huitième lame (elle se trouve
sous votre main après que vous avez placé les 17 premières; et la soixante-dix-huitième qui, elle, se trouve
sous le jeu.

Ces deux lames vous indiquent par leur sens si la com-
munication fluidique et sympathique est établie entre le
Consultant et vous.

Vous pouvez ensuite lire les oracles de la ligne ainsi
formée en commençant, comme toujours, par la droite.
Une fois que votre ligne est lue, vous passez la dix-septième carte à votre droite, et la première à votre gauche,
puis la seizième et la deuxième la même chose. jusqu'à la
fin où il ne vous reste plus qu'une seule carte au milieu.
Cette carte tombe à l'écart (1 .

Troisième Coup. — Vous reprenez toutes vos cartes,
vous les battez et les faites couper, puis vous les disposez

_____

(1) Peut-être avons-nous mal compris E teila qui est très obs-
cur dans ses livres et que nous tâchons de faire comprendre,
mais cette dernière opération nous semble parfaitement inutile.

comme le montre la figure suivante, d'après les numéros
d'ordre.

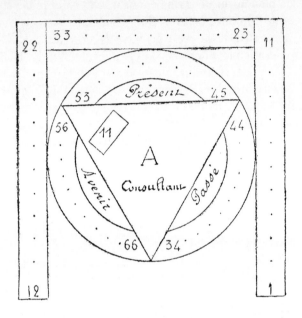

C'est ainsi que vous obtenez la grande figure d'Etteila
qui donne la clef du Passé, du Présent et de l'Avenir de
la personne qui consulte. Pour se servir avec fruit de
cette méthode il faut donc avoir toujours cette figure présente à la mémoire. Le mieux est de la dessiner avec tous
les numéros sur une table ou un grand carton et de dis-
poser ensuite les cartes suivant l'ordre des nombres.

Pour lire les résultats de cette figure, il faut relever les
cartes deux par deux, la 1ʳᵉ avec la 34ᵉ, la 2ᵉ avec la
35ᵉ, etc., pour le Passé.

La 23ᵉ avec la 43ᵉ, la 24ᵉ avec la 46ᵉ... la 33ᵉ avec la 55ᵉ
pour le Présent

La 12ᵉ avec la 66, la 13ᵉ avec la 65ᵉ... la 22ᵉ avec
la 56ᵉ pour l'Avenir·

Une étude du tableau permettra de comprendre parfaitement tout cela.

Quatrième Coup. — Le quatrième coup n'est plus que subsidiaire. Il sert à obtenir des réponses aux questions u'on peut faire. Pour y arriver on mêle toutes ses cartes, on fait couper et on tire les 7 qui viennent sur le jeu ainsi :

7 1

et on lit la réponse.

Telle est la manière de tirer les cartes d'après la méthode originale d'Etteila. Nous avons résumé dans ces quelques pages une brochure obscure par plusieurs points, de cet auteur : le Livre de Thoth. Cette brochure qui contient un portrait d'Etteila, est fort rare, ainsi que tous les ouvrages de cet auteur. Ajoutons que sa méthode n'a été sérieusement élucidée par aucun de ses nombreux disciples ; nous croyons être l'un des premiers à l'exposer sur des principes aussi simples.

On trouvera au chapitre 7 un complément de cette méthode avec de nouveaux éclaircissements.

CHAPITRE IV

Lire les enseignements du Tarot lame par lame c'est comme jouer du piano avec un doigt et note par note. Cela manque d'accompagnement et d'harmonie.

La véritable lecture du Tarot dérive de la connaissance des rencontres c'est-à-dire de l'influence des cartes les unes sur les autres.

Cette science des rencontres est justement celle qui distingue la vieille cartomancienne opérant depuis de longues années de la jeune cuisinière qui fait les cartes pour s'amuser.

Il y a plusieurs dizaines de milliers de sens différents déterminées par les rencontres de deux, de trois, de quatre cartes dans les quatre couleurs. On comprend que nous ne pouvons donner tous ces sens. Nous voulons avant tout rester clair et donner des enseignements pratiques, aussi allons-nous citer seulement les cas les plus fréquents.

Les anciens avaient l'habitude de combiner la science des rencontres avec celle des nombres.

Par exemple la rencontre de l'Arcane majeur 10, du 10 de batons et du cavalier de coupes donnait :

10. Nombre de l'Arcane majeur.

26. Nombre du 10 de batons d'après Etteila.]

38. Nombre du cavalier de coupe.

74. Au total. En additionnant à ces deux chiffres 7 et 4 on obtient 11, Arcane de la Force morale qui donne le sens de la rencontre.

*Signification de deux cartes côte à côte dans l'ensemble
du jeu.*

(Les cartes marquées d'un astérisque sont les cartes renversées.)

As˙ et dix coupe veulent˙dire surprise dans la maison.

Sept Coupe et Bâton. — Vous pensez à l'argent.

Sept Coupe˙ et 10 Denier. — Vous aurez de l'or.

Dix Bâton et Epée˙˙. — Perte d'argent.

Dix Epée et Bâton˙˙. — Argent dans la soirée.

Huit Denier et as Bâton˙. — Présent en or.

As Coupe et Valet Denier. — On vous attend.

Valet Coupe et As Epée˙. — Inquiétude pour affaire politique.

As Epée et sept Epée˙. — Procès.

Valet Epée et as Epée. — Second mariage.

Dame Epée et huit Coupe. — Une dame blonde et veuve.

As Bâton et sept Coupe˙. — Beaucoup d'argent.

Valet Denier˙ et sept Epée. — Vous l'attendez.

Dame Denier˙ et le roi. — Homme étranger.

As Epée˙ et dame Bâton. — Injustice.

Roi Coupe˙ et l'As. — Salle de bal.

As Bâton près du dix. — Somme d'argent.

Roi Coupe˙ et l'As de Coupe˙. — Maison de prêt.

Sept Denier et la Dame˙˙. — Querelle, dispute.

Dame Coupe˙ et roi Denier. — Mariage empêché.

Roi et neuf Epée˙˙. — Accusation inique.

Roi et Dame de Coupe. — Vieillards respectables.

Huit et as Bâton. — Déclaration amoureuse.

Valet et dame Denier. — Domestique femelle.

Dix Denier et huit coupe˙. — Voyage inattendu.

Roi et as Coupe˙˙. — Bourse de commerce.

Roi et dame Bâton. — Epoux.

Sept Coupe et dix Epée˙. — Perte d'un petit objet.

Dix Epée et sept Coupe˙. — Surprise, saisissement.

Dame Bâton et sept Denier˙. — Discussion.

Huit Denier et huit Bâton. — Campagne éloignée.

Dix Epée et la carte n° 1. — Pleurs de jalousie.

Huit Denier et huit Epée. — Indisposition grave.

As Bâton˙ et dix Epée˙. — Jalousie d'amour.

Huit Denier et sept Epée˙. — Partie de campagne indécise.

As Coupe et dix Denier. — Coup.

Roi˙ et as Coupe. — Jeux de hasard.

As Bâton˙ et 10 Coupe. — Surprise d'amour.

Sept Epée et as Bâton˙. — Présent d'amitié.

As Coupe et sept Denier. — Propos dans la maison.

Huit Denier et sept Coupe˙. — Démarche projetée.

Dix Bâton et Coupe. Surprise d'argent.

Signifieation partielle des 32 cartes.

Les rois.

Denier : Amitié, mariage ; renversé, c'est qu'il y aura beaucoup de difficultés.

Coupe : Homme comptable et porté à vous obliger ; renversé, le contraire.

Epée : Homme de robe à qui l'on aura affaire ; renversé, perte de procès, dérangement d'affaires.

Bâton : Personnage juste, équitable qui nous protégera ; renversé, mauvaise chance, réussite incertaine.

Dames.

Denier : Femme blonde de la campagne qui s'entretient de médisance contre la personne qui consulte ; renversé, convoitise, tort.

Coupe : Femme honnête toute dévouée et qui vous rendra service ; renversé, empêchement de mariage suivant la consultante.

Epée : Femme chagrine, veuve ou embarrassée dans ses affaires ; renversée, grandes et mauvaises affaires ; si c'est une fille qui consulte, elle est trahie par celui qu'elle aime.

Bâton : Femme brune en rivalité ; à côté d'un homme, fidélité, préférence pour celui auprès duquel elle est ; près d'une autre dame, elle s'intéresse à la personne qui consulte ; renversé, désir, jalousie, infidélité.

Valets.

Denier : Militaire, facteur ou postillon qui porte des nouvelles ; renversé, nouvelles défavorables à la consultation.

Coupe : Militaire, qui doit paraître sous peu, ou bien un jeune homme qui est porté à rendre de grands services, auquel on sera lié. Le côté droit ou le gauche a la même signification.

Epée : Mauvais sujet, brun, de mauvaises mœurs ; homme sans délicatesse se jouant des choses les plus saintes ; renversée, le même s'occupant à vaincre les obstacles qui s'opposent à ses projets.

Bâton : Un amoureux, un jeune homme de famille, qui recherche une demoiselle : à côté d'une dame, dénote réussite ; à côté d'un homme, il annonce quelqu'un qni parlera pour lui ; suivi du valet Coupe, il y a un rival dangereux ; renversé, opposition des parents du jeune homme au mariage.

Des as.

As Denier : Lettres et nouvelles sous peu, à l'aide de la marque qui indique le haut de la carte ; renversée, tristes nouvelles.

As Coupe : Joie, contentement ; accompagné de figures, festins, libations ; renversé, le plaisir annoncé aura ses peines.

As Epée : Avantages obtenus de vive force, conquête, succès en amour, passion violente ; renversé, même signification ; plus, résultat désastreux où tout tourne au désavantage. S'il est suivi du dix et du neuf, il dénote une nouvelle de mort, grandes tristesses, trahison d'intimes et même vol.

As Bâton : Lettre qui annonce de l'argent, fortune prochaine, héritage, succès ou affaires de finance ; renversé, joie dont quelques nuages tempéreront la vivacité ; suivi de l'as Denier et du sept Bâton, gain, profit, grande réussite dans ses affaires, rentrée d'argent, prospérité commerciale.

Des dix.

Dix Denier : Grande joie, changement de lieux et campagne.

Dix Coupe : Joie, contentement ; s'il est avec plusieurs figures, il représente une personne qui prendra nos intérêts.

Dix Epée : Suivi de l'as et du roi, c'est prison ; pour une fille ou femme, c'est trahison d'amis.

Dix Bâton : Signifie gain, prospérité, réussite pour quelque chose que ce soit ; mais s'il est suivi du neuf Epée, c'est manqué ; si on a un procès, c'est perte assurée.

Des neuf.

Neuf Denier : Petit retard mais qui ne dérange rien aux affaires de la consultante ou du consultant.

Neuf Coupe : Concorde et contentement pour les personnes pour qui on a fait les cartes.

Neuf Epée : Retard et manque de quelques affaires ; suivi du neuf Denier ou de l'as Bâton, il dénote que l'on recevra de l'argent, mais avec retardement.

Des huit.

Huit Denier : Signifie un jeune homme placé dans le commerce, qui fait des démarches pour la personne qui consulte.

Huit Coupe : Pour la personne pour qui on fait les cartes ; si elle est mariée, cela signifie que les enfants se porteront instinctivement à toutes bonnes actions ; si elle est célibataire, ses affaires lui réussiront complètement.

Huit Epée : Signifie une personne qui vous apprendra une mauvaise nouvelle, s'il est suivi de sept Denier, et qu'il soit a côté d'une figure quelconque, c'est pleurs, discorde pour la personne pour qui on les fait, perte d'emploi ou de réputation.

Huit Bâton : Signifie des démarches pour de l'argent ou pour des affaires, grandes espérances, bonheur assuré.

Des sept.

Sept Denier : Signifie bonnes nouvelles, surtout près le neuf Bâton et l'as Denier ; grande réussite aux jeux de hasard.

Sept Coupe : Si c'est une fille pour qui l'on tire les cartes, cela lui annonce des filles quand elle sera mariée ; si c'est un garçon, il épousera une fille recommandable.

Sept Epée : Signifie querelle, tourment, pour la personne représentée par la carte suivante, à moins qu'elle ne soit côte à côte avec quelques Coupes ; alors il annonce sûreté, indépendance et délivrance de peine.

Sept Bâton : Annonce faiblesse d'amour, suivant la per

sonne pour qui l'on fait les cartes ; mais suivie du sept Denier et du neuf Bâton, il dénote abondance de biens et héritage de parents éloignés.

Lorsqu'il se rencontre plusieurs cartes de même valeur, comme 2, 3 ou 4 rois, dames ou valets, etc., Etteila leur donne la singification suivante.

En regardant le côté qui se trouve à la main droite.

4 rois. Grands honneurs.
3 rois. Consultation.
2 rois. Petit conseil.

—

4 dames. Grand pourparler.
3 dames. Tromperie de femmes.
2 dames. Amie.

—

4 valets. Maladie contagieuse.
3 valets. Dispute.
2 valets. Inquiétude.

—

4 as. Jeu de hasard.
3 as. Petite réussite.
2 as. Duperie.

—

4 dix. Repris de justice.
3 dix. Nouvel état.
2 dix. Changement.

—

4 neuf. Bon citoyen.
3 neuf. Grande réussite.
2 neuf. Petit argent.

—

4 huit. Revers.
3 huit. Mariage.
2 huit. Nouvelle connaissance.

4 sept. Intrigue.
3 sept. Infirmité.
2 sept. Petite nouvelle.

En regardant le côté qui se trouve à la main gauche.

4 rois. Célérité.
3 rois. Commerce.
2 rois. Projet.

—

4 dames. Mauvaise société
3 dames. Gourmandise.
2 dames. Société.

—

4. valets. Privation.
3 valets. Paresse.
2 valets. Ouvrier, ouvrage.

—

4 as. Déshonneur.
3 as. Libertinage.
2 as. Ennemi.

—

4 dix. Evénement.
3 dix. Manque.
2 dix. Attente.

—

4 neuf. Usure.
3 neuf. Imprudence.
2 neuf. Profit.

—

4 huit. Erreur.
3 huit. Spectacle.
2 huit. Traverse.

—

4 sept. Mauvais citoyen.

3 sept. Joie.

2 sept. Fille publique.

Les trois Rois.

1. Roi Coupe.
2. Roi Denier.
3. Roi bâton.

La personne, d'un état malheureux, passera à un qui sera très heureux ; elle possédera des biens, des honneurs, des richesses immenses.

1. Roi Coupe.
2. Roi Denier.
3. Roi Epée.

La personne malgré toutes les peines qu'elle se donnera pour acquérir une fortune plus brillante que la sienne, n'avancera pour cela en rien.

1. Roi Coupe.
2. Roi Bâton.
3. Roi Denier.

La personne pour ses talents changera d'état et prospérera en honneurs et en richesses.

1. Roi Coupe.
2. Roi Bâton.
3. Roi Epée.

Leur succession rendront la personne fortunée et la mettront à portée de faire des heureux.

1. Roi Coupe.
2. Roi Epée.
3. Roi Bâton.

La mort d'un enfant fera changer d'état à la personne par le bien qu'elle recevra de cet événement.

1. Roi Coupe.
2. Roi Epée.
3. Roi Denier.

La trahison des amis de la personne même détruira toutes ses espérances, au moment où elle s'y attendra le moins : ce qui dérangera beaucoup sa fortune.

1. Roi Bâton.
2. Roi Denier.
3. Roi Coupe.

La personne recevra un bien qui avait été ravi à ses parents. Cette restitution la fera changer d'état en lui apportant une fortune considérable.

1. Roi Bâton.
2. Roi Denier.
3. Roi Epée.

La personne sera obligée de restituer un bien dont elle jouit sans lui appartenir, ce qui la dérangera beaucoup dans son état.

1. Roi Bâton.
2. Roi Epée.
3. Roi Coupe.

Un trésor caché que trouvera la personne fera sa fortune et le bonheur de sa vie.

1. Roi Bâton.
2. Roi Epée.
3. Roi Denier.

La personne, par le feu, perdra quelques biens, ce qui

la fera changer d'état pour un temps ; mais avec la patience et le travail elle redeviendra aussi riche qu'auparavant.

1. Roi Bâton.
2. Roi Coupe.
3. Roi Denier.

La personne, par faveurs méritées, s'élèvera au-dessus de son état et changera de fortune ; les récompenses qu'elle recevra lui attireront une infinité de jaloux.

1. Roi Bâton.
2. Roi Coupe.
3. Roi Epée.

La personne est née pour être estimée d'amis fidèles et bienfaisants, qui lui procureront un heureux mariage.

1. Roi Denier.
2. Roi Coupe.
3. Roi Bâton.

Les services de bons parents ou de quelques amies bienfaisantes élèveront la personne à un état honorable et lucratif.

1. Roi Denier.
2. Roi Coupe.
3. Roi Epée.

La personne gagnera au jeu de hasard un bien considérable.

1. Roi Denier.
2. Roi Bâton.
3. Roi Coupe.

La personne aura occasion de rendre un service assez important à un grand qui lui en témoignera sa reconnais-

sance en fournissant à la dite personne un moyen de ré-
clamer sa protection sur un service qui lui fera un sort
heureux le reste de sa vie.

La personne, par le secours des parents ou amis, sera
mise en prospérité.

1. Roi Denier.
2. Roi Epée.
3. Roi Coupe.

La personne recevra des disgrâces pour avoir trop
parlé contre un grand dans une assemblée.

1. Roi Denier.
2. Roi Epée.
3. Roi Bâton.

La personne pour avoir trop confié ses affaires, au lieu
d'attendre du bien, en recevra de la mortification, causée
par la jalousie et la trahison.

1. Roi Epée.
2. Roi Coupe.
2. Roi Bâton.

La personne traitera, pour obtenir réussite, d'une affaire
de cœur ou il y va de l'honneur et de l'intérêt, qui réussira
à son gré par le secours de ses amis.

1. Roi Epée.
2. Roi Coupe.
3. Roi Denier.

La personne se trouvera attaquée et du côté de sa
personne et du côté de ses biens. Un homme courageux
et bienfaisant parera les coups et la délivrera de malheureux événements.

1. Roi Epée.
2. Roi Bâton.
3. Roi Coupe.

La personne recevra un cadeau de conséquence qui lui sera donné par parents ou bienfaiteurs en reconnaissance de son attachement.

1. Roi Epée.
2. Roi Bâton.
3. Roi Denier.

La personne aura un ami en qui elle mettra toute sa confiance et sur qui elle n'aura aucun soupçon ; cet ami lui volera ses bijoux et son argent.

1. Roi Epée.
2. Roi Denier.
3. Roi Coupe.

La personne triomphera de deux de ses ennemis par de sages conseils qui la mettront en vénération dans l'esprit des honnêtes gens par la modestie qui accompagnera ses actes de victoires.

1. Roi Epée.
2. Roi Denier.
3. Roi Bâton.

La personne aura des maladies d'estomac causées par l'eau.

Toutes les explications sont définies sans avoir égard aux places, aux nombres où seront placés les dits trois Rois qui se toucheront ; ainsi des autres, etc.

Les trois Dames.

1. Dame Coupe.
2. Dame Denier.
3. Dame Bâton.

La personne sera toujours heureuse par les entreprises que feront ses proches parents pour ce qui concerne les affaires de sa maison.

1. Dame Coupe.
2. Dame Denier.
3. Dame Epée.

La personne sera mal récompensée de la part de ses parents ; aussi fera-t-elle bien de ne leur point demander d'argent.

1. Dame Coupe.
2. Dame Bâton.
3. Dame Denier.

La personne trouvera tous les secours imaginables dans ses proches parents ; elle sera aimée et chérie.

1. Dame Coupe.
2. Dame Bâton.
3. Dame Epée.

La personne sera aimée de ses parents alliés, c'est-à-dire beau-frère, belle-fille, neveux et nièces. Elle recevra à l'avenir toutes sortes de biens.

1. Dame Coupe.
2. Dame Epée.
3. Dame Bâton.

Assemblée de parents ou d'intimes amis pour terminer

une affaire à l'avantage de la personne, qui lui assurera un état prospère.

1. Dame Coupe.
2. Dame Epée.
3. Dame Denier.

Réunion de faux parents ou amis pour nuire au bien à venir de la personne, et où ils détruiront par cabale une affaire qui aurait fait le bonheur de sa vie, ce dont s'apercevra la personne six mois après.

1. Dame Bâton.
2. Dame Denier.
3. Dame Coupe.

Les attentions et les complaisances que la personne aura pour une personne âgée et riche lui seront très bien payées.

1. Dame Bâton.
2. Dame Denier.
3. Dame Epée.

La personne négligera un ancien parent ou ami par orgueil ou défaut de complaisance, ce qui lui fera un tort considérable.

1. Dame Bâton.
2. Dame Epée.
3. Dame Coupe.

Un ami laissera en mourant par testament ou donation tout son bien à la personne.

1. Dame Bâton.
2. Dame Epée.
3. Dame Denier.

Une assemblée d'amis traîtres causera un grand désastre

à la fortune de la personne ; mais au bout de deux années, ses peines commenceront à cesser, et son état jusqu'à la mort ira de mieux en mieux.

1. Dame Bâton.
2. Dame Coupe.
3. Dame Denier.

Il se tiendra une assemblée de parents, d'amis et de supérieurs pour le bien de la personne, qui délibéreront à son avantage. Elle en obtiendra honneur et profit.

1. Dame Bâton.
2. Dame Coupe.
3. Dame Epée.

Dans une compagnie, la personne se liera étroitement avec une autre qui prendra tant d'attachement pour elle que cette union de sentiment fera son bonheur.

1. Dame Denier.
2. Dame Coupe.
3. Dame Bâton.

La personne, par son esprit, gagnera l'estime et l'affection des personnes qui feront son bonheur.

1. Dame Denier.
2. Dame Coupe.
3. Dame Epée.

La personne trouvera dans une place secrète une somme d'argent cachée qui fera sa fortune.

1. Dame Denier.
2. Dame Bâton.
3. Dame Coupe.

La personne, par le conseil d'un ami, par son goût

pour les sciences, sortira des bornes qu'elle s'était pres-
crites ; et, par le travail et par son état, elle obtiendra un
prix de mérite qui lui fera par suite faire sa fortune.

1. Dame Denier.
2. Dame Bâton.
3. Dame Epée.

La personne, par entêtement, perdra deux amis qui seront un obstacle à sa fortune dans une entreprise qu'ils
auraient fait réussir.

1. Dame Denier.
2. Dame Epée.
3. Dame Coupe.

Par trop de faiblesse et de crédulité en un faux ami, la
personne se fera mépriser des hommes de bien par ses
caprices et son entêtement à vouloir suivre toutes ses
idées.

1. Dame Denier.
2. Dame Epée.
3. Dame Bâton.

La personne abandonnera la voie de la justice et fera
des malheureux.

1. Dame Epée.
2. Dame Coupe.
3. Dame Bâton.

De véritables amis feront, par pure amitié, en sorte que
la personne réussisse dans toutes ses entreprises raison-
nables.

1. Dame Epée.
2. Dame Coupe.
3. Dame Denier.

La personne verra d'un œil indifférent les conseils sages

d'autrui, ce qui la fera tomber dans des fautes considé-
rables qui lui coûteront beaucoup de larmes.

1. Dame Epée.
2. Dame Bâton.
3. Dame Coupe.

La personne, par son mérite, gagnera l'amitié des ver-
tueux, qui lui procureront un état heureux.

1. Dame Epée.
2. Dame Bâton.
3. Dame Denier.

La personne, par négligence, dans ses affaires personnelles, fera soupçonner sa probité et sa vertu.

1. Dame Epée.
2. Dame Denier.
3. Dame Coupe.

Ennuyée du bien-être, la personne, par un esprit tur-
bulent, souffrira la mortification et finira par perdre l'estime publique pendant quelques années ; mais elle changera de conduite, et, par ce moyen, se conciliera de nouveau les suffrages du public, ce qui lui fera recouvrer sa
fortune perdue.

1. Dame Epée.
2. Dame Denier.
3. Dame Bâton.

Aimer sans être aimée est le tort de la personne, aussi
ne lui fera-t-on du bien que par la force de son esprit.

Les trois valets.

1. Valet Coupe.
2. Valet Denier.
3. Valet Bâton.

Malgré les procédés infâmes d'un ennemi, la personne gagnera un procès d'où dépend le bonheur de sa vie.

1. Valet Coupe.
2. Valet Bâton.
3. Valet Denier.

La personne mettra ordre à des affaires de très grande conséquence en dépit de la jalousie des amis ou des parents, lesquelles affaires une fois terminées lui procureront une vie douce et agréable.

1. Valet Coupe.
2. Valet Bâton.
3. Valet Denier.

La personne réussira dans ses entreprises, qui auront des fins heureuses et qui rendront son état florissant.

1. Valet Coupe.
2. Valet Epée.
3. Valet Bâton.

L'équité de la cause de la personne jointe à de puissantes protections lui fera gagner un grand procès.

1. Valet Coupe.
2. Valet Epée.
3. Valet Denier.

Les concurrents et les ennemis de la personne, à force

de présents, lui feront perdre sa cause, ce qui dérangera considérablement sa fortune et sa tranquillité.

1. Valet Bâton.
2. Valet Denier.
3. Valet Coupe.

La personne recevra par testament d'un grand une pension qui la fera vivre à son aise le reste de sa vie.

1. Valet Bâton.
2. Valet Denier.
3. Valet Epée.

La personne, par de faux amis, perdra un don considérable.

1. Valet Bâton.
2. Valet Epée.
3. Valet Coupe.

La personne, dans un moment inattendu, gagnera le cœur d'une riche héritière contre les sentiments de ses parents, et il en résultera son bonheur.

1. Valet Bâton.
2. Valet Epée.
3. Valet Denier.

La personne perdra au jeu une somme fort au-dessus de son état, et cette perte lui enlèvera tout son crédit dans le public.

1. Valet Bâton.
2. Valet Coupe.
3. Valet Denier.

La personne aura, dans le pays étranger d'un parent, un héritage qui lui fera son bonheur.

1. Valet Bâton.
2. Valet Coupe.
3. Valet Epée.

La personne, par testament, aura tout le bien mobilier d'un parent ou ami, qui sera considérable.

1. Valet Denier.
2. Valet Coupe.
3. Valet Bâton.

La personne par sa bonne conduite fera un mariage très avantageux ; si elle est mariée, elle sera heureuse dans son état.

1. Valet Denier.
2. Valet Coupe.
3. Valet Epée.

La personne suivra le conseil de faux amis qui lui feront perdre tout le fruit du travail de plusieurs années.

Dans un sens plus général, c'est un avertissement de se défier pour la personne pour qui l'on tire.

1. Valet Denier.
2. Valet Bâton.
3. Valet Coupe.

La personne réussira en amour et dans ses projets.

1. Valet Denier.
2. Valet Bâton.
3. Valet Epée.

L'indiscrétion de la personne et la jalousie d'autrui feront choir ses entreprises.

1. Valet Denier.
2. Valet Epée.
3. Valet Coupe.

La personne ne sera point heureuse dans ses voyages par eau.

1. Valet Denier.
2. Valet Epée.
3. Valet Bâton.

La personne, par une injustice assez reconnue en elle, procédera par voie de force pour obtenir une chose illégitime. Elle en sera pour ses peines et frais avec dépens, et il ne lui en restera que confusion.

1. Valet Epée.
2. Valet Coupe.
3. Valet Bâton.

La personne retrouvera dans le pays étranger un ami fripon qui lui restituera avec dépens le bien qu'il lui avait pris.

1. Valet Epée.
2. Valet Coupe.

3. Valet Denier.
La personne essuiera deux banqueroutes.

1. Valet Epée.
2. Valet Bâton.
3. Valet Coupe.

La personne recevra un présent de valeur en bijoux.

1. Valet Epée.
2. Valet Bâton.
3. Valet Denier.

La personne, en route, perdra un bijoux de prix.

1. Valet Epée.
2. Valet Denier.
3. Valet Coupe.

La personne perdra sa bourse avec de l'argent par imprudence, ce qui lui fera beaucoup de peine.

1. Valet Epée.
2. Valet Denier.
3. Valet Bâton.

La personne perdra pour quelque temps l'amitié d'un bienfaiteur, ce qui lui fera beaucoup de tort.

Les trois dix.

1. Dix Coupe.
2. Dix Denier.
3. Dix Bâton.

La personne, par le secours de parents et d'amis, réussira dans une grande affaire.

1. Dix Coupe.
2. Dix Denier.
3. Dix Epée.

Les effets de la jalousie et de l'inimitié feront à la personne perdre une affaire qui nuira beaucoup à sa fortune.

1. Dix Coupe.
2. Dix Bâton.
3. Dix Denier.

La personne, malgré la jalousie, gagnera dans une entreprise une somme considérable.

1. Dix Coupe.
2. Dix Bâton.
3. Dix Epée.

La personne gagnera à la loterie beaucoup d'argent.

1. Dix Coupe.
2. Dix Epée.
3. Dix Bâton.

La personne gagnera un procès ou une place par ses talents ou une forte somme dans le commerce qui fera sa fortune. L'état de la personne décidera laquelle des trois choses lui échoira.

1. Dix Coupe.
2. Dix Epée.
3. Dix Denier.

La confiance que la personne mettra en des amis fera qu'elle sera dépouillée d'une partie de ses biens.

1. Dix Bâton.
2. Dix Denier.
3. Dix Coupe.

La personne rentrera malgré la jalousie dans un bien ou une place dont elle aura été privée.

1. Dix Bâton.
2. Dix Denier.
3. Dix Epée.

La personne ne réussira pas dans ses entreprises ou places, quoiqu'elle les ait longtemps et justement sollicitées.

1. Dix Bâton.
2. Dix Epée.
3. Dix Coupe.

La personne fera un mariage très avantageux avec le secours des parents ou de fidèles amis.

1. Dix Bâton.
2. Dix Epée.
3. Dix Denier.

Les effets de la haine et de la jalousie feront manquer à la personne un mariage fortuné ou un établissement solide.

1. Dix Bâton.
2. Dix Coupe.
3. Dix Denier.

La personne trouvera un objet de valeur.

1. Dix Bâton.
2. Dix Coupe.
3. Dix Epée.

Un parent ou un faux ami restituera à la personne un peu avant de mourir un bien de conséquence dont il lui avait fait tort.

1. Dix Denier.
2. Dix Coupe.
3. Dix Bâton.

La personne aura par la mort d'un ami, dans le terme de deux années et quelques mois, une succession qui lui fera plaisir.

1. Dix Denier.
2. Dix Coupe.
3. Dix Epée.

La personne sera chargée de payer une dette qu'elle n'aura pas contractée, par condamnation ou conseil d'ami.

1. Dix Denier.
2. Dix Bâton.
3. Dix Coupe.

La personne recevra dans le cours de ce tirage horoscope, nouvelles et restitution d'un bien auquel elle ne s'attendait pas, ce qui lui causera une grande joie.

1. Dix Denier.
2. Dix Bâton.
3. Dix Epée.

La personne, pendant plusieurs années, sera inquiétée pour des affaires qui naîtront de l'infidélité d'amis ou de parents.

1. Dix Denier.
2. Dix Epée.
3. Dix Coupe.

Une injustice criante faite à la personne lui causera une maladie de langueur.

1. Dix Denier.
2. Dix Epée.
3. Dix Bâton.

La personne aura une affaire de famille qui lui causera beaucoup de chagrin.

1. Dix Epée.
2. Dix Coupe.
3. Dix Bâton.

La personne donnera le jour à des enfants qui rendront son état heureux.

1. Dix Epée.
2. Dix Coupe.
3. Dix Denier.

La personne, pour avoir parlé à cœur ouvert et avec
trop de confiance avant le temps, perdra une affaire qui
aurait fait sa félicité.

1. Dix Epée.
2. Dix Bâton.
3. Dix Coupe.

La personne réussira avec peu d'argent, mais seulement
par son travail, dans une affaire qui assurera le bonheur
de sa vie.

1. Dix Epée.
2. Dix Bâton.
3. Dix Denier.

La personne, fera un voyage sur mer qui ne lui réussira
pas selon ses vues par rapport à son indiscrétion sur
l'état de ses affaires.

1. Dix Epée.
2. Dix Denier.
3. Dix Coupe.

Le peu de connaissance que la personne aura dans une
affaire qu'elle osera entreprendre lui enlèvera et son bien
et sa réputation.

1. Dix Epée.
2. Dix Denier.
3. Dix Bâton.

La personne, jouissant d'un grand bien en confiance,
en sera privée dans un moment inattendu par des effets de
haine et de jalousie.

Les trois neuf.

1. Neuf Coupe
2. Neuf Denier.
3. Neuf Bâton.

La personne, en dépit des jaloux, gagnera dans un pays étranger, par ses talents et son travail, de quoi vivre le reste de ses jours.

1. Neuf Coupe.
2. Neuf Denier.
3. Neuf Epée.

La personne sera trompée et on lui volera la plus grande partie de son bien.

1. Neuf Coupe.
2. Neuf Bâton.
3. Neuf Denier.

Nouvelles de biens que recevra la personne du pays étranger. Ces biens seront le chemin ouvert à la félicité.

1. Neuf Coupe.
2. Neuf Bâton.
3. Neuf Epée.

La personne obtiendra dans le pays étranger bien et honneur.

1. Neuf Coupe.
2. Neuf Epée.
3. Neuf Bâton.

La personne héritera d'un bien considérable que lui

laissera en mourant un de ses parents dans le pays étranger.

1. Neuf Coupe.
2. Neuf Epée.
3. Neuf Denier.

La personne sera élevée dans le pays étranger aux plus hautes charges et dignités, là où elle sera cruellement agitée ; mais cependant les actes de la justice l'y feront persévérer jusqu'à la fin de sa vie.

1. Neuf Bâton.
2. Neuf Denier.
3. Neuf Coupe.

La personne, dans le pays étranger, trouvera une personne fort riche, mais dans la dernière tristesse. Elle trouvera néanmoins le moyen de rendre le bonheur perdu.

1. Neuf Bâton.
2. Neuf Denier.
3. Neuf Epée.

La personne sera trompée par deux étrangers.

1. Neuf Bâton.
2. Neuf Epée.
3. Neuf Coupe.

La personne gagnera dans le pays étranger un lot considérable à la loterie.

1. Neuf Bâton.
2. Neuf Epée.
3. Neuf Denier.

Des domestiques étrangers voleront à la personne des effets et de l'argent.

1. Neuf Bâton.
2. Neuf Coupe.
3. Neuf Denier.

La personne, au moment qu'elle s'y attendra le moins, trouvera un secret de valeur pour son utilité.

1. Neuf Bâton.
2. Neuf Coupe.
3. Neuf Epée.

La trop grande vivacité de la personne lui fera perdre une chose de prix qui sera l'objet de ses regrets.

1. Neuf Denier.
2. Neuf Coupe.
3. Neuf Bâton.

La personne fera dans le pays étranger une certaine fortune qui la rendra heureuse le reste de sa vie.

1. Neuf Denier.
2. Neuf Coupe.
3. Neuf Epée.

La personne gagnera dans le pays étranger l'admiration d'un grand qui fera tout son bonheur.

1. Neuf Denier.
2. Neuf Bâton.
3. Neuf Coupe.

La personne aura biens et héritages dans le pays étranger.

1. Neuf Denier.
2. Neuf Bâton.
3. Neuf Epée.

La personne perdra des successions ou pensions dans

le pays étranger par l'infidélité de personne de confiance.

> 1. Neuf Denier.
> 2. Neuf Epée.
> 3. Neuf Coupe.

La personne essuiera une perte par le feu.

> 1. Neuf Denier.
> 2. Neuf Epée.
> 3. Neuf Bâton.

La personne perdra par l'eau beaucoup de biens,
mais sa fortune sera rétablie dans l'espace de quatre
années.

> 1. Neuf Epée.
> 2. Neuf Coupe.
> 3. Neuf Bâton.

La mort de plusieurs parents changera subitement le
sort de la personne en bien.

> 1. Neuf Epée.
> 2. Neuf Coupe.
> 3. Neuf Denier.

La mort et les maladies causeront beaucoup de changement à l'état et à la fortuné de la personne, qui, pour ré-
parer ses pertes, ira dans le pays étranger.

> 1. Neuf Epée.
> 2. Neuf Bâton.
> 3. Neuf Coupe.

Deux personnes riches et d'un grand crédit feront la
fortune de la personne.

1. Neuf Epée.
2. Neuf Bâton.
3. Neuf Denier.

L'inconstance de la personne en amour et sa confiance mal placée lui feront perdre un établissement considérable.

1. Neuf Epée.
2. Neuf Denier.
3. Neuf Coupe.

La personne répondra pour deux de ses amis; elle sera ensuite obligée de payer pour eux.

1. Neuf Epée.
2. Neuf Denier.
3. Neuf Bâton.

La personne, dans le pays étranger, perdra des procès par suite de sa légèreté d'esprit et de son inexpérience des affaires.

Les trois huit.

1. Huit Coupe.
2. Huit Denier.
3. Huit Bâton.

Longue vie et prospérité inattendue.

1. Huit Coupe.
2. Huit Denier.
3. Huit Epée.

Longue vie et prospérité de réussites.

1. Huit Coupe.
2. Huit Bâton.
3. Huit Denier.

Longue vie pour la personne. Grande considération et honneur distinctif.

1. Huit Coupe.
2. Huit Bâton.
3. Huit Epée.

La personne triomphera de ses ennemis et vivra heureuse et contente jusqu'à la mort.

1. Huit Coupe.
2. Huit Epée.
3. Huit Bâton.

La personne sera secourue par des parents ou amis.

1. Huit Coupe.
2. Huit Epée.
3. Huit Denier.

Vos talents vous attireront des jaloux.

1. Huit Bâton.
2. Huit Denier.
3. Huit Coupe.

La personne se jouera entièrement de la jalousie et de la haine qu'on emploie pour la vexer dans l'état honorable et lucratif qu'elle posssède.

1. Huit Bâton.
2. Huit Denier.
3. Huit Epée.

La vie de la personne sera troublée quelquefois par de faux parents ou amis.

1. Huit Bâton.
2. Huit Epée.
3. Huit Coupe.

La personne vivra longtemps et aura des successions.

1. Huit Bâton.
2. Huit Epée.
3. Huit Denier.

Les effets de l'ambition de la personne feront que ses affaires traîneront en longueur.

1. Huit Bâton.
2. Huit Coupe.
3. Huit Denier.

La personne aura d'heureux événements soit à la guerre, soit en amour ou entreprises hasardeuses.

1. Huit Bâton.
2. Huit Coupe.
3. Huit Epée.

La personne réussira dans ses affaires ou entreprises.

1. Huit Denier.
2. Huit Coupe.
3. Huit Bâton.

La personne épousera une fille de grande naissance.

1. Huit Denier.
2. Huit Coupe.
3. Huit Epée.

Longue vie en discorde de société.

1. Huit Denier.
2. Huit Bâton.
3. Huit Coupe.

La personne sera heureuse en société et traité de commerce, tant par mer que par terre.

1. Huit Denier.
2. Huit Bâton.
3. Huit Epée.

La personne mènera une vie tranquille et paisible pendant un certain temps ; mais bientôt ses affaires seront dérangées par une mauvaise conduite.

1. Huit Denier.
2. Huit Epée.
3. Huit Coupe.

La personne aura de l'esprit et du courage pour éviter les pièges que lui tendront des traîtres.

1. Huit Denier.
2. Huit Epée.
3. Huit Bâton.

La personne jouira d'une bonne santé et aura beaucoup de plaisir sur terre. Toutes ses entreprises lui réussiront et elle verra sa fortune s'augmenter.

1. Huit Epée.
2. Huit Coupe.
3. Huit Bâton.

La justice de la personne jointe à ses talents la fera aimer de ceux qui traiteront avec elle.

1. Huit Epée.
2. Huit Coupe.
3. Huit Denier.

La personne aura des agréments et de cœur et d'esprit.

1. Huit Epée.
2. Huit Bâton.
3. Huit Coupe.

Longue attente et longue vie d'espérance dont la fin sera heureusement couronnée.

1. Huit Epée.
2. Huit Bâton.
3. Huit Denier.

Longue vie, mais peu désirée, par les maladies qui troubleront la personne dans la vieillesse.

1. Huit Epée.
2. Huit Denier.
8. Huit Coupe.

La personne jouira longtemps des plaisirs et des satisfactions des sens, dont les suites seront dangereuses.

1. Huit Epée.
2. Huit Denier.
3. Huit Bâton.

La trahison ne nuira point à la personne, et la mort d'un parent la rendra heureuse.

Les trois sept.

1. Sept Coupe.
2. Sept Denier.
3. Sept Bâton.

La personne aura une maladie d'amour qui aura une fin heureuse.

1. Sept Coupe.
2. Sept Denier.
3. Sept Epée.

La personne sera amoureuse et jalouse. Cette maladie se passera par les soins et l'amitié.

1. Sept Coupe.
2. Sept Bâton.
3. Sept Denier.

Les efforts de la jalousie et de la haine rendront la personne malade ; mais cette maladie sera de courte durée.

1. Sept Coupe.
2. Sept Bâton.
3. Sept Epée.

La personne jouira longtemps du fruit de ses travaux. Une courte maladie terminera ses jours.

1. Sept Coupe.
2. Sept Epée.
3. Sept Bâton.

La personne gagnera l'estime, l'attachement et le cœur d'une personne bienfaisante, qui la fera jouir d'une vie agréable.

La protection d'un personnage haut placé la favorisera dans toutes ses actions.

1. Sept Coupe.
2. Sept Epée.
3. Sept Denier.

L'ambition de vouloir posséder beaucoup de biens donnera lieu de repentir à la personne.

1. Sept Bâton.
2. Sept Denier.
3. Sept Epée.

La personne sera blessée au service de son maître qui lui fera une pension pour la dédommager de son infirmité.

1. Sept Bâton.
2. Sept Denier.
3. Sept Coupe.

La personne, pour obliger des amis qui lui en témoigneront leur reconnaissance par la plus noire ingratitude, négligera ses propres affaires.

1. Sept Bâton.
2. Sept Epée.
3. Sept Coupe.

La personne sera sauvée d'un naufrage avec tous ses biens par deux fidèles parents ou amis.

1. Sept Bâton.
2. Sept Epée.
3. Sept Denier.

La personne gagnera par le feu.
On expliquera ce gain relativement à l'état de la personne.

1. Sept Bâton.
2. Sept Coupe.
3. Sept Deniers.

Un chien sauvera la vie de la personne en la retirant d'entre les mains de deux assassins.

1. Sept Bâton.
2. Sept Coupe.
3. Sept Epée.

Un ami de la personne lui ouvrira sa bourse pour la soulager dans un revers de fortune.

1. Sept Denier.
2. Sept Coupe.
3. Sept Bâton.

La personne, après avoir lutté longtemps contre la misère, causée par la jalousie, fera un heureux établissement qui fera le bonheur de sa vie.

1. Sept Denier.
2. Sept Cœur.
3. Sept Epée.

La personne, avant de se marier, ressentira des peines d'esprit mortelles.

1. Sept Denier.
2. Sept Bâton.
3. Sept Cœur.

Une grossesse causera de l'inquiétude à la personne.

1. Sept Denier.
2. Sept Epée.
3. Sept Coupe.

La personne, par faiblesse, s'affligera extrêmement sur une maladie causée par l'amour.

1. Sept Denier.
2. Sept Epée.
3. Sept Bâton.

Une banqueroute rendra la personne malade.

1. Sept Epée.
2. Sept Coupe.
3. Sept Bâton.

La personne après un long tourment obtiendra l'objet désiré.

1. Sept Epée.
2. Sept Coupe.
3. Sept Denier.

La personne, après avoir longtemps soupiré, aura enfin les faveurs désirées.

1. Sept Epée.
2. Sept Bâton.
3. Sept Coupe.

La personne, par le moyen de l'argent, et avec le secours d'amis, obtiendra satisfaction et prospérité de ses peines et travaux.

1. Sept Epée.
2. Sept Bâton.
3. Sept Denier.

La personne restera quelque temps sans travailler par rapport à l'infidélité de deux prétendus amis.

1. Sept Epée.
2. Sept Denier.
3. Sept Coupe.

La personne perdra de l'argent au jeu de hasard par l'infidélité de plusieurs amis.

1. Sept Epée.
2. Sept Denier.
3. Sept Bâton.

La personne ne gagnera presque jamais aux loteries, excepté une seule fois qu'elle y aura une somme honnête.

Les trois deux.

1. Deux Coupe.
2. Deux Denier.
3. Deux Bâton.

Assemblée de parents ou d'amis bienfaisants qui concourront à aider la personne dans une entreprise qui lui réussira.

1. Deux Coupe.
2. Deux Denier.
3. Deux Epée.

Réunion de faux parents ou amis qui trahiront la personne très sensiblement ; mais elle en aura satisfaction.

1. Deux Coupe.
2. Deux Bâton.
3. Deux Denier.

La personne sera trahie par un ami qu'elle croyait lui être fidèle. Le temps et la patience la vengeront.

1. Deux Coupe.
2. Deux Bâton.
3. Deux Epée.

La personne, par le secours d'un grand et d'un ami, tirera une vengeance pleine et entière de son ennemi.

1. Deux Coupe.
2. Deux Epée.
3. Deux Bâton.

La personne, par le moyen d'un fidèle ami, trouvera un

chemin ouvert à ses travaux qui satisfera son ambition.

> 1. Deux Coupe.
> 2. Deux Epée.
> 3. Deux Denier.

La personne, par les soins d'un ami, découvrira la jalousie d'un faux parent, qu'elle fera chasser de la société avec confusion.

> 1. Deux Bâton.
> 2. Deux Denier.
> 3. Deux Coupe.

La personne, soutenue d'un ami, recouvrera l'attachement et la protection d'un grand, qu'elle avait perdue par les faussetés qu'avait tenues contre elle un être jaloux de son bonheur.

> 1. Deux Bâton.
> 2. Deux Denier.
> 3. Deux Epée.

La personne se laissera séduire par des flatteurs au point de faire injustice à deux parents ou vrais amis.

> 1. Deux Bâton.
> 2. Deux Epée.
> 3. Deux Coupe.

Un ami très attaché à la personne lui découvrira par bonté d'âme une affaire criminelle, tramée contre elle par les effets de l'ambition de deux faux amis pour avoir sa dépouille. Ils n'auront pas cet avantage qu'ils se promettaient, vu que la personne sera avertie à temps.

> 1. Deux Bâton.
> 2. Deux Epée.
> 3. Deux Denier.

Un ami prendra le parti de la personne dans une assemblée et la fera triompher des mauvais procédés des parents, amis, ennemis et jaloux.

1. Deux Bâton.
2. Deux Coupe.
3. Deux Denier.

La sincérité d'un ami découvre à la personne la jalousie d'un autre qu'elle a regardé jusqu'à ce jour comme son intime, et l'aide à s'en débarrasser pour le reste de sa vie.

1. Deux Bâton.
2. Deux Coupe.
3. Deux Epée.

La personne trouve en faute un ami en qui elle avait toute confiance.

1. Deux Denier.
2. Deux Coupe.
3. Deux Bâton.

La personne triomphera de la jalousie et de ses effets dans l'état où elle sera.

1, Deux Denier.
2. Deux Coupe.
3. Deux Epée.

La personne perdra une partie de ses emplois, commerce ou biens par l'effet de la jalousie et de la haine.

1, Deux Denier.
2. Deux Bâton.
3. Deux Coupe.

La personne rentrera en grâce avec ses parents ou amis

et cette réconciliation lui méritera beaucoup de bienfaits
de la part de ces personnes-là.

1. Deux Denier.
2. Deux Bâton.
3. Deux Epée.

La personne perdra un ami fidèle et bienfaisant par la
trahison des personnes qu'elle aura obligées.

1. Deux Denier.
2. Deux Epée.
3. Deux Coupe.

La personne sera molestée en une partie de ses biens.
Elle sera chagrinée ; mais elle obtiendra avec les protections dont elle sera honorée, restitutions et réparations
avec les dommages.

1. Deux Denier.
2. Deux Epée.
3. Deux Bâton.

La personne deviendra par la jalousie l'ennemie de son
meilleur ami et aura lieu de s'en repentir.

1. Deux Epée.
2. Deux Coupe.
3. Deux Bâton.

La personne, par les soins d'un ami, recouvre une dette
dont on lui avait fait banqueroute.

1. Deux Epée.
2. Deux Coupe.
3. Deux Bâton.

La personne perdra du bien qu'elle aura mis en dépôt
chez une personne de confiance, ce qui lui fera un tort
considérable.

1. Deux Epée.
2. Deux Bâton.
3. Deux Coupe.

La personne aura pour héritage de ses parents avares de l'argent et des biens-fonds.

1. Deux Epée.
2. Deux Bâton.
3. Deux Denier.

La personne, dont on ternit la réputation en présence d'un ami qui prend sa défense, est punie de son insolence.

1. Deux Epée.
2. Deux Denier.
3. Deux Coupe.

La personne sera mortifiée en pleine assemblée par des personnes jalouses.

1. Deux Epée.
2. Deux Denier.
3. Deux Bâton.

Des domestiques de confiance voleront à la personne des effets d'un grand prix.

Les trois as.

1. As Coupe.
2. As Denier.
3. As Bâton.

La personne gagnera l'estime et la confiance d'un grand qui augmentera sa fortune.

1. As Coupe.
2. As Denier.
3. As Epée.

La personne sera trompée par un ami de confiance qui s'enrichira à ses dépens.

1. As Coupe.
2. As Bâton.
3. As Denier.

La personne découvrira la trahison préméditée par de faux amis. Elle le fera connaître d'une manière justificative à leurs supérieurs mutuels, qui mépriseront souverainement les traîtres et honoreront à l'avenir la personne de leur confiance.

1. As Coupe.
2. As Bâton.
3. As Epée.

Une naissance causera à la personne joie et prospérité de biens.

1. As Coupe.
2. As Epée.
3. As Bâton.

Par un effet du hasard, la personne obtiendra l'estime d'un souverain qui la rendra riche et respectable.

1. As Coupe.
2. As Epée.
3. As Denier.

La personne, dans un jardin ou un bois, trouvera un heureux coup du sort qui lui fera passer des jours agréables durant sa vie.

1. As Bâton.
2. As Denier.
3. As Coupe.

La personne, aidée de vrais amis, aura beaucoup de choses favorables.

1. As Bâton.
2. As Denier.
3. As Epée.

La personne ne sera heureuse ni en amour ni en amitié.

1. As Bâton.
2. As Epée.
3. As Coupe.

La personne sera aimée de toutes celles qu'elle fréquentera et elle en obtiendra des bienfaits.

1. As Bâton.
2. As Epée.
3. As Denier.

La personne sera payée d'ingratitude pour de l'argent prêté sans intérêt.

1. As Bâton.
2. As Coupe.
3. As Denier.

La personne gagnera à la loterie une somme immense.

1. As Bâton.
2. As Coupe.
3. As Epée.

La personne captivera par des présents le cœur d'une jeune personne. Elle en recevra de la joie et un service essentiel dans un cas de besoin pressant.

1. As Denier.
2. As Coupe.
3. As Bâton.

La personne aura en héritage une somme en argent et beaucoup d'effets qui rendront ses entreprises fructueuses.

1. As Denier.
2. As Coupe.
3. As Epée.

La personne sera cruellement molestée par ses parents ou associés par intérêt et jalousie.

1. As Denier.
2. As Bâton.
3. As Coupe.

Honneur et justice seront rendus aux mérites de la personne ; les bienfaits s'ensuivront avec élévation, fortune et honneurs de toutes sortes.

1. As Denier.
2. As Bâton.
3. As Epée.

L'amitié sincère d'une femme mettra par les effets de la jalousie le feu à la maison de la personne et ce sera son fidèle ami qui la préservera de cet accident.

1. As Denier.
2. As Epée.
3. As Coupe.

Ingratitude et intérêts de prétendus amis rendront les travaux de la personne pour un temps infructueux ; et souvent le poids de ses affaires pénible joint à la patience et au courage, la fera triompher.

1. As Denier.
2. As Epée.
3. As Bâton.

Agréables nouvelles d'un héritage dont on avait été privé pour un temps.

1. As Épée.
2. As Coupe.
3. As Bâton.

La personne sollicitera vivement un meilleur état que le sien. Ses sollicitations lui réussiront à souhait.

1. As Epée.
2. As Coupe.
3. As Denier.

La personne se confiera à deux autres qui la tromperont d'une portion capitale du bien qu'elle leur a confié.

1. As Épée.
2. As Bâton.
3. As Coupe.

La personne aura satisfaction d'une injustice qui lui aura fait beaucoup de peine. Cette satisfaction, jointe à un gain considérable, la rétablira honorablement.

1. As Epée.
2. As Bâton.
3. As Denier.

Les effets de faux rapports causeront à la personne de cuisants chagrins.

1. As Epée.
2. As Denier.
3. As Coupe.

La personne, d'un caractère naturellement bon et bienfaisant, en élèvera plusieurs autres à des états heureux et même au-dessus de leurs espérances ; la plus grande partie la paieront d'ingratitude.

> 1. As Epée.
> 2. As Denier.
> 3. As Bâton.

La personne se fera des jaloux par ses talen's, mérites et services rendus. Elle souffrira quelques mortifications qui s'effaceront par la justice et la raison.

CHAPITRE V

Une cartomancienne qui veut demander au Tarot tous ses secrets ou même un philosophe qui veut interroger ce vieux livre des Sciences primitives ne doivent pas oublier que la combinaison des hiéroglyphes et des nombres donne de précieuses indications.

Aussi conseillons-nous tout véritable praticien de faire reproduire en grand format la table ci-jointe.

Cette table représente les trois aspects de chacune des 12 maisons astrologiques.

Un ancare du Tarot tombant dans une de ces 36 cases prend de nouvelles significations qui peuvent être précieuses en cas de doute.

L'emploi de cette table astrologique doit terminer toute étude de cartomancie un peu approfondie.

Mˡˡᵉ Lenormand s'en servait beaucoup. Mais sa table était carrée et ne présentait pas les rapports du duodénaire comme celle des Égyptiens que nous avons reconstituée dans sa forme primitive.

Cependant, comme certains écrivains copient les recherches des auteurs originaux sans citations d'origine, nous avons laissé dans cette table une légère erreur qui ne nuit en rien au sens divinatoire mais qui permettra de démasquer de suite tout plagiaire.

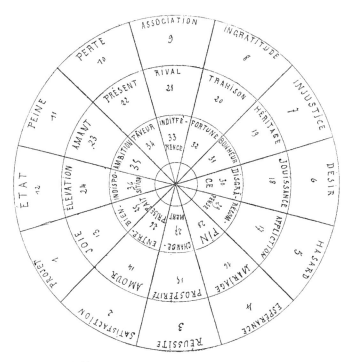

Table astrologique reconstituée par Papus.
Recopier cette table agrandie sur la table d'étude. Placer les lames du
Tarot, une dans chaque case chiffrée.

Nombre 1, nommé projet.

Succès heureux dans ses projets lorsqu'une carte se
trouvera placée au nombre 1 ; les trois qui l'accompagnent
parleront plus amplement des événements en les consultant séparément.

Une carte bâton au nombre 1, où est écrit projet, dénotera que des personnes fidèles s'emploieront pour la
réussite des projets formés.

Une carte en deniers au nombre 1 annoncera de grandes

difficultés dans ses affaires, causées par la jalousie, et les cartes d'accompagnement du dit nombre 1 instruiront des causes du retard ou de la faillite.

Une carte épée au même nombre signifiera trahison et mauvaise attente pour la personne.

Nombre 2, nommé satisfaction. Souhaits accomplis et favorisés du Ciel seront l'avenir de la personne lorsqu'une carte coupe se trouvera au nombre 2, ou est écrit satisfaction. Les cartes de son accompagnement instruiront des effets, événements, etc.

Une carte bâton au dit nombre annoncera que la fidélité surmontera tout pour rendre heureuse la personne qui fait tirer son horoscope. Les trois cartes qui l'accompagnent expliqueront les circonstances.

Une carte deniers au dit nombre 2 annoncera de grandes difficultés de jalousie à vaincre.

Les trois cartes d'accompagnement parleront des causes du [retard. Une carte épée au dit nombre 2 annoncera trahison et mauvaise espérance.

Nombre 3, nommé réussite.

L'on doit considérer le mot réussite selon son état et son entreprise.

Une carte coupe au nombre 3 dénotera réussite heureuse et favorable, les trois cartes d'accompagnement expliqueront mieux les causes en les consultant en leur valeur particulière.

Une carte bâton au nombre de 3 signifiera qu'avec le secours des amis, la personne réussira et écartera au loin les envieux et les jaloux. Pour plus ample explication, consultez les trois cartes d'accompagnement.

Une carte deniers au dit nombre 3 annoncera beaucoup de difficultés à surmonter dans ses entreprises par rapport aux jaloux et peu de succès, quoique néanmoins

la personne remplisse avec honneur les devoirs de son
état.

Une carte épées annoncera à la personne qu'elle sera
trahie, ce qui empêchera qu'elle ne réussisse dans ses
projets. Les trois cartes qui l'accompagnent en parleront
plus amplement.

Nombre 4, nommé espérance.

Une carte coupe au nombre 4 annoncera que les espérances de la personne auront des succès heureux et accomplis. Les trois cartes de son accompagnement instruiront
davantage des événements.

Une carte bâton annoncera que la personne, par le moyen
du travail et avec le secours de ses amis, verra toutes ses
espérances accomplies.

Une carte deniers au dit nombre 4 signifiera et représentera des espérances légèrement fondées et qui seront entièrement vaines.

Une carte épée au même nombre annoncera espérances
follement conçues ou détruites de fond en comble par
trahison. Les trois autres indiqueront mieux la chose.

Nombre 5, nommé hasard.

On doit regarder comme hasard un gain à la loterie,
aux cartes et aux autres jeux, ainsi que la rencontre des
trésors cachés, des personnes qui deviennent amants ou
amantes, bienfaiteurs ou bienfaitrices, voleurs ou voleuses
et également une perte faite par l'eau ou le feu.

Une carte coupe au dit nombre 5 dénote un heureux
hasard qui doit faire la fortune de la personne et mettre

son état en grande considération. Les trois cartes qui l'accompagnent en parleront plus en détail.

Une carte bâton au nombre 5 annoncera à la personne que le hasard, avec le secours des amis ou bienfaiteurs, la mettra à portée de tenter un meilleur sort auquel elle réussira très bien.

Une carte deniers au même nombre signifie à la personne que le hasard lui procurera amant et amante, bienfaiteur ou bienfaitrice, voyage de prospérité, héritages et nouvelles des parents ; les trois cartes d'accompagnement, en examinant aussi celle au nombre 17 avec ses quatre cartes d'accompagnement, considérées en leur valeurs particulières et en celles de leurs jonctions, annoncent que les cœurs doivent être regardés comme bons parents, les bâtons comme fidèles amis, les deniers comme chose étrangère, les épées comme mauvais parents, amis de sinistre augure ; c'est-à-dire que si les épées sont au nombre de 5, elles signifieront hasard malheureux, comme vol, banqueroute et perte par le feu et par l'eau.

Nombre 6, nommé désir.

Le mot et l'objet, comme désirer et désir, doivent être considérés comme argent, maîtresse, amant, succession, héritage, association, possession, mariage, découvertes et talents.

Une carte coupe au nombre de 6 annonce que la personne verra l'objet de son ardent désir heureusement accompli.

Une carte deniers au dit nombre annonce qu'il faudra par présent faire taire la jalousie et contenter des personnes intéressées pour obtenir l'objet désiré.

Une carte épée au nombre 6 signifiera à la personne que son désir ne sera point accompli. Les trois cartes d'accompagnement instruiront de tous ces événements

tant du côté des épées et des deniers que du côté des
bâtons et des coupes.

Nombre 7, nommé injustice.

Le mot injustice sera considéré pour causes non méritées, comme pour pertes de place, de procès, d'estime
des bienfaiteurs par faux rapport ou mauvaise interprétation dans les choses confiées. En ce cas, si une carte coupe
se trouve au nombre 7, elle annoncera à la personne que
l'injustice qu'on lui aura faite sera réparée à son entière
satisfaction. Pour plus ample information on consultera
les trois cartes d'accompagnement.

Une carte bâton au nombre 7 annonce que la personne
doit mettre tout en œuvre avec ses amis pour obtenir ré-
paration d'honneur, qui sera accordée à la justice de sa
demande. On consultera pour cet avenir heureux les trois
cartes d'accompagnement.

Une carte denier au nombre 7 annonce que la personne
doit employer des présents pour se faire faire une répa-
ration honorable de l'injustice qu'on lui a faite. Consultez
pour cet avenir les indices que donneront les trois cartes
d'accompagnement.

Une carte épée au dit nombre 7 signifie que rien n'est
capable d'effacer l'injustice qui lui a été faite et que,
pour éviter de la faire augmenter, elle doit faire semblant
de l'oublier et se taire.

Nombre 8, nommé ingratitude.

L'ingratitude a ses causes naturelles et forcées, prêter
de l'argent à l'homme impuissant à le rendre et le rede-
mander avec dureté ou par les voies de la justice ; placer

par bonté de cœur un homme sans foi, lui donner ainsi l'occasion de devenir ingrat en obtenant à votre détriment une place où il pourra vous nuire. En conséquence, nous ne devons point nous plaindre de l'ingratitude des hommes, puisque, pour le plus souvent, c'est nous-mêmes qui leur en fournissons l'occasion par notre trop grande confiance.

Une carte coupe au nombre 8 annoncera que la personne obtiendra une ample justice des personnes qui l'auront désobligée par ingratitude.

Une carte denier annoncera à la personne que la jalousie sera seule la cause de l'ingratitude qu'elle recevra.

Une carte épée au nombre 8 signifie que la personne sera trahie par les personnes mêmes qu'elle aura obligées sensiblement, et que, pour éviter plus grand mal, elle doit paraître insensible, se taire et faire même du bien à ces ingrats. Dans toutes les remarques ci-dessus énoncées, les trois cartes d'accompagnement instruiront des détails.

Nombre 9, nommé association.

Une carte coupe au nombre 9 annoncera à la personne que toutes ses associations réussiront selon ses désirs.

Une carte bâton au dit nombre 9 annonce que, par le travail et avec le secours des amis, les associations deviendront fructueuses.

Une carte deniers au nombre 9 signifie à la personne que la jalousie la fera souffrir dans ses associations.

Une carte épée au nombre 9 annonce que la personne en association fera le bonheur des autres et non le sien. Les trois cartes d'accompagnement en parleront plus amplement.

On entend par le mot association tout ce qui doit arriver, comme mariage, société de commerce, de fabrique, d'entreprises, de conquêtes et de contrebande ; le tout relati.

vement aux états et aux espérances des personnes pour
qui l'on tire.

Nombre 10, nommé perte.

Une carte coupe au nombre 10 annonce à la personne
qu'elle aura perte de bienfaiteurs, à laquelle elle sera très
sensible.

Une carte bâton au dit nombre signifie que la personne
perdra des amis fidèles qui dérangeront ses espérances.

Une carte deniers au nombre 10 annoncera à la personne
perte de biens, c'est-à-dire argent, terre, héritage ou
prétention légitime, meubles, bijoux, etc.

Une carte épée au dit nombre annonce à la personne
grande perte d'intérêts ; on consultera les quatre cartes
d'accompagnement qui vous instruiront de la nature des
objets des pertes.

Nombre 11, nommé peine.

Une carte coupe au nombre de 11 signifiera que la
personne aura de cuisants chagrins causés par l'amour
ou ses propres parents.

Une carte bâton au nombre de 11 représentera peines
d'amitié.

Une carte deniers au dit nombre annoncera à la personne qu'elle aura des peines d'intérêts à souffrir. Les
cartes d'accompagnement expliqueront la nature des
peines d'intérêts à échoir.

Une carte épée au nombre 11 signifie à la personne
qu'elle essuiera des peines causées par la jalousie et la
trahison.

Nombre 12, nommé état.

Une carte coupe au nombre 12 annoncera à la personne que son état deviendra meilleur de jour en jour.

Une carte bâton au dit nombre 12 annoncera que l'état de la personne prendra accroissement et que, par son assiduité, son travail et le secours d'amis fidèles, elle prospérera.

Une carte deniers au nombre 12 annoncera à la personne que la jalousie la tiendra dans un état pénible à soutenir.

Une carte épée au même nombre signifie décadence d'état. On observera que cet avenir n'est que pour le temps du tirage qu'elle annonce.

Nombre 13, nommé joie.

Une carte Coupe au nombre 13 signifie que la personne ressentira une joie pure, agréable et très profitable.

Une carte Bâton au dit nombre annonce à la personne un accroissement de fortune, par services d'amis fidèles.

Une carte Deniers au nombre 13 signifie que la personne tressaillera de joie d'avoir gagné une affaire en dépit des jaloux.

Une carte Epées au même nombre annonce que la personne sera au comble de la joie d'avoir été utile à ses supérieurs, qui augmenteront sa fortune.

Nombre 14, nommé amour.

Une carte Coupe au nombre 14 annonce que la personne sera heureuse en amour.

Une carte Bâton au dit nombre dénote à la personne qu'on lui sera fidèle en amour.

Une carte Deniers au nombre 14 annonce à la personne amour affligé de la jalousie.

Une carte Epées au même nombre signifiera à la personne trahison d'amour ; les quatre cartes d'accompagnement instruiront des événements.

Nombre 15, nommé prospérité.

Une carte Coupe au nombre 15 annoncera à la personne prospérité à venir par voie légitime.

Une carte Bâton au dit nombre signifie que, par intelligence, esprit et services de fidèles amis, la personne fera un gain plus que suffisant pour vivre avec honnêteté dans son état.

Une carte Deniers au nombre 15 annoncera à la personne décadence de fortune par les effets de la jalousie.

Une carte Epées au même nombre signifie que les effets de la haine et de l'infidélité détruiront la prospérité de la personne pour qui l'on tire.

Nombre 16, nommé mariage.

Il faut consulter le mariage relativement à soi-même, si on est en état de pouvoir en contracter. Si l'on est marié ou hors d'âge, il faut regarder ce nombre 16 comme devant appartenir à ses proches parents ou bienfaiteurs, puisque les effets du bien ou du mal doivent s'étendre jusqu'à la personne pour qui l'on tire.

Une carte Coupe au nombre 16 annonce à la personne félicité de mariage par amour réciproque.

Une carte Bâton au dit nombre signifiera que la personne, avec le secours d'amis, contractera un mariage fortuné et agréable.

Une carte Deniers au nombre 16 annoncera à la personne que la jalousie troublera son mariage.

Une carte Epées au même nombre signifiera à la personne que la trahison et la jalousie lui feront manquer un riche mariage.

Nombre 17, nommé affliction.

Une carte Coupe au nombre 17 annoncera à la personne affliction de cœur qui ne sera point de longue durée.

Une carte Bâton au dit nombre signifiera à la personne affliction pour ami qui ne s'effacera que par réconciliation.

Une carte Deniers au nombre 17 annoncera à la personne affliction causée par les effets de la jalousie.

Une carte Epées au même nombre représentera à la personne affliction très sensible causée par la trahison.

Nombre 18, nommé jouissance.

Une carte Coupe au nombre 18 annoncera que les amours de la personne seront accompagnées de désirs réciproques et de jouissances sans amertume.

Une carte Bâton au dit nombre signifiera que la personne, par ses soins, ses politesses et le secours de ses amis, jouira du cœur et des sentiments de sa maîtresse ou amant.

Une carte Deniers au nombre 18 dénotera jouissance orageuse et troublée par les effets de la jalousie, mais qui se terminera sans aucun incident fâcheux.

Une carte Epées au même nombre annoncera jouissance prête à se rompre et de courte durée.

Nombre 19, nommé héritage.

Une carte Coupe au nombre 19 annonce que la personne aura un héritage légitime et très considérable.

Une carte Bâton au dit nombre signifie que des amis de la personne lui laisseront en mourant une portion de leurs biens.

Une carte Deniers au nombre 19 annoncera que la jalousie et l'intérêt de faux parents ou amis lui feront perdre une grande portion d'un héritage légitime qui lui échoira.

Une carte Epées au même nombre annonce que la personne perdra par trahison un bien d'héritage ou don par testament de bienfaiteur.

Nombre 20, nommé trahison.

La carte Coupe au nombre 20 annoncera à la personne que le mal qu'on voulait lui faire par trahison retombera sur le traître.

Une carte Bâton au dit nombre signifiera à la personne qu'avec le secours de fidèles amis elle sera préservée d'une très grande trahison qui aurait dérangé entièrement ses affaires.

Une carte Deniers au nombre 20 annonce que la personne essuiera trahison pour jalousie, qui la chagrinera beaucoup, mais qui néanmoins s'effacera avec le temps.

Une carte Epées au même nombre représentera à la personne trahison dans ses espérances par calomnie, qui lui fera perdre des amis.

Nombre 21, nommé rival.

Le mot rival ou rivale sera considéré en amour comme amant ou maîtresse, et en état de biens, comme objet concourant aux mêmes vues de la personne.

Une carte Coupe au nombre 21 annonce que la personne aura la préférence sur ses rivaux avec toute sorte de satisfactions.

Une carte Bâton au dit nombre signifiera à la personne que son mérite personnel, joint aux bons offices rendus par de véritables amis, lui obtiendra victoire sur ses rivaux ou rivales.

Une carte Deniers au nombre 21 annonce que les rivaux de la personne obtiendront, par jalousie et intrigues, une partie des faveurs qu'elle aura elle-même sollicitées.

Une carte Epées au même nombre représentera à la personne disgrâce complète, et faveurs entières accordées à ses rivaux.

Nombre 22, nommé présent.

Une carte Coupe au nombre 22 signifie que la personne recevra des présents de valeur au-dessus de son attente.

Une carte Bâton au dit nombre annoncera présents d'intérêt, donnés à la personne par amour-propre.

Une carte Deniers au nombre 22 représente un cœur vil, bas, méprisable, que le plus petit présent séduira.

Une carte Epées au même nombre annonce présents perfides, donnés par une personne mal intentionnée pour éloigner les soupçons que la personne aurait droit de former contre elle.

Nombre 23, nommé amant.

Une carte Coupe au nombre 23, annoncera à la personne qu'elle aura amant ou maîtresse, d'un bon caractère et d'un grand attachement ; même signification à donner pour des amis.

Une carte Bâton au dit nombre représente amant ou maîtresse fidèles et de naissance, portés à faire du bien à la personne ; même signification à donner pour des amis.

Une carte Deniers au nombre 23 annonce que la personne aura amant ou maîtresse susceptibles de jalousie, qui gêneront la personne par leurs soupçons et leur air boudeur ; de plus elle signifiera que vous avez des amis jaloux, ombrageux et intéressés.

Une carte Epées au même nombre annoncera que la personne aura maîtresse ou amant fourbe, intéressé, vindicatif et volage ; même signification à donner s'il s'agit d'un ami.

Nombre 24, nommé élévation.

Le mot élévation doit être regardé comme hasard heureux, quoique prédestiné à naître et à venir à la personne.

Une carte Coupe au nombre 24 annoncera que la personne sera élevée dans son état bien au-dessus de son attente, et qu'elle fera l'objet de l'admiration et de l'estime des honnêtes gens.

Une carte Bâton au dit nombre représentera à la personne que, par son exactitude à remplir son devoir, et avec le secours de fidèles amis, elle obtiendra élévation, accompagnée de fortune.

Une carte Deniers au nombre 24 signifiera à la personne que la jalousie différera longtemps son élévation.

Une carte Epées au même nombre annoncera à la personne que la trahison nuira sans cesse à son élévation.

Nombre 25, nommé bienfait mérité.

Une carte Coupe au nombre 25 annonce que la personne recevra la récompense méritée et promise ou attendue de ses supérieurs.

Une carte Bâton au dit nombre signifie que la personne, avec le secours de ses amis, aura le bienfait mérité.

Une carte Deniers au nombre 25 annoncera que la personne aura beaucoup de peine, causée par la jalousie, à faire connaître ses prétentions pour obtenir le bienfait mérité, dont elle ne recevra qu'une partie.

Une carte Epées au même nombre représentera a la personne que le bienfait mérité sera donné à un autre par trahison.

Nombre 26, nommé entreprise.

Une carte Coupe au nombre 26 annoncera à la personne que toutes ses entreprises seront heureuses.

Une carte Bâton au dit nombre signifie que la personne sera aidée de ses amis dans ses entreprises et qu'elles seront lucratives.

Une carte Deniers au nombre 26 représente que la personne sera troublée par la jalousie et l'intérêt, qui nuiront beaucoup au succès de ses entreprises.

Une carte Epées au même nombre annonce qu'une grande partie de ses entreprises tourneront à son désavantage, c'est-à-dire celles dont elle se servira pour augmenter rapidement sa fortune, mais non point celles qui lui procureront les besoins de la vie.

Nombre 27, nommé changement.

Une carte Coupe au nombre 27 annonce à la personne qu'il lui arrivera un heureux changement en honneurs et en fortune.

Une carte Bâton au dit nombre représentera à la personne que, par les services de fidèles amis, elle obtiendra un changement d'état et de fortune.

Une carte Deniers au nombre 27 annoncera à la personne que les effets de la jalousie changeront sa position à son désavantage.

Une carte Epées au même nombre annonce que la personne n'éprouvera aucune variation de changement dans son état.

Nombre 28, nommé mort et fin.

Une carte Coupe au nombre 28 signifie que la mort d'un parent ou bienfaiteur augmentera la fortune de la personne pour qui l'on tire l'horoscope.

La carte Bâton au dit nombre annoncera à la personne qu'un de ses amis lui laissera en mourant un souvenir bienfaisant.

Une carte Deniers au nombre 28 annoncera au consultant la mort d'un ennemi.

Une carte Epées au même nombre annoncera à la personne la mort de celle qui lui aura fait le plus de mal dans sa vie.

Nombre 29, nommé récompense.

Une carte Coupe au nombre 29 signifiera que la personne sera récompensée, de son industrie, de son travail, de sa fidélité ou de son attachement avec bonté de cœur et estime.

Une carte Bâton au nombre 29 annoncera que, par les services de ses amis, la personne recevra la récompense qui lui est due et sur laquelle elle met toutes ses espérances.

Une carte Deniers au nombre 29 annoncera à la personne que la jalousie retardera sa récompense ou plutôt la diminuera.

Une carte Epées au même nombre signifiera que la personne perdra par trahison la récompense promise ou attendue.

Nombre 30, nommé disgrâce.

Une carte Coupe au nombre 30 annoncera à la personne qu'elle essuiera une disgrâce qu'elle n'aura pas de peine à oublier.

Une carte Bâton au dit nombre représente qu'un ami bienfaiteur de la personne essuiera une disgrâce dont elle se ressentira.

Une carte Deniers au nombre 30 annoncera que les effets de la jalousie causeront à la personne des disgrâces sensibles.

Une carte Epées au même nombre signifiera à la personne qu'un ami de confiance la trahira et lui fera par ce moyen essuyer plusieurs disgrâces.

Nombre 31, nommé bonheur.

Une carte Coupe au nombre 31 annoncera à la personne un bonheur imprévu qui rendra sa vie agréable.

Une carte Bâton au dit nombre annoncera que la per-

sonne, avec le secours d'amis, profitera d'un coup de
bonheur qui augmentera considérablement sa fortune.

Une carte Deniers au nombre 31 signifiera à la personne
que les effets de la jalousie et de l'ambition de faux amis
lui seront favorables.

Une carte Epées au même nombre annoncera à la personne qu'elle sera secourue par des amis dans un cas de
besoin pressant ; c'est-à-dire qu'il y aura des personnes
qui attenteront à sa vie et que l'assassinat dont elle est
menacée sera détourné par ses propres amis. On em-
ploiera, mais inutilement, jusqu'au poison pour la dé-
truire.

Nombre 32, nommé fortune.

Une carte Coupe au nombre 32 annoncera à la personne
qu'elle fera une fortune brillante et proportionnée à son
état d'espérance.

Une carte Bâton au dit nombre annoncera à la personne
que son travail et son intelligence, avec le secours d'amis
sincères et bienfaisants, lui feront faire fortune.

Une carte Deniers au nombre 32 annoncera à la personne que des êtres jaloux, en qui elle aura mis trop de
confiance, feront leur fortune à ses dépens, vu qu'ils pro-
fiteront adroitement de sa trop grande bonté.

Une carte Epée au même nombre annoncera à la personne que tous ses talents et toute son industrie ne ser-
viront qu'à faire la fortune des traîtres qui se présente-
ront pour la servir en apparence, et qu'elle ne recueillera
d'autres fruits de ses droits que la conservation de son
état qui la fera subsister. Voyez les trois cartes d'accompagnement.

Nombre 33, nommé indifférence.

Une carte Coupe au nombre 33 annoncera à la personne
que son indifférence pour le bien à d'autres lui fera couler
des jours tranquilles.

Une carte Bâton au dit nombre représentera à la personne que son indifférence pour le choix d'amis lui sera
souvent un sujet de larmes.

Une carte Deniers au nombre 33, ainsi qu'une carte
Epées, annonceront à la personne qu'elle perdra du bien
par son indifférence, et que les personnes plus soigneuses
et plus vigilantes ramasseront ce qu'elle négligera. Consultez les trois cartes d'accompagnement.

Nombre 34, nommé faveur.

Une carte Coupe au nombre 34 annonce que la personne
obtiendra faveur d'amour et méritera la considération de
personnes riches qui feront sa fortune.

Une carte Bâton au dit nombre annoncera à la personne
que sa conduite sage et édifiante lui gagnera toutes les
causes.

Une carte Deniers au nombre 34 annonce que la personne aura beaucoup de peine à obtenir de véritables faveurs.

Une carte Epées, au même nombre signifie que la personne sollicitera en vain des faveurs fructueuses. Voyez
les trois cartes d'accompagnement.

Nombre 35, nommé ambition.

Une carte Coupe au nombre 35 signifie que la personne doit tout attendre de son ambition et qu'elle en recevra le fruit désiré.

Une carte Bâton au dit nombre annoncera à la personne que, par son mérite et son intelligence à se faire des amis, tous ses désirs d'ambition relativement à son état et à ses espérances réussiront à son gré.

Une carte Deniers au nombre 35 signifiera à la personne que la jalousie de ses amis, associés et parents altérera et ralentira les possibilités de son ambition.

Une carte Epées au même nombre annonce que la personne, par finesse et trahison d'amis, sera déchue de son objet principal d'ambition. Voyez les trois cartes d'accompagnement.

Nombre 36, nommé maladie.

Ces maladies seront de courte durée si une carte de Coupe est placée au nombre 36 ; si c'est un Bâton, elles seront sans gravité ; si c'est une Epée, elles ne pourront atteindre que vos ennemis ; si c'est un Denier, une légère indisposition vous fera manquer une partie de plaisir.

Nombre 1, nommé projet.

Succès heureux dans ses projets lorsqu'une carte se trouvera placée au numéro 1.

CHAPITRE VI

ÉTUDE DÉTAILLÉE DES SENS DIVINATOIRES DES 78 LAMES D'APRÈS ETTEILA ET D'ODOUCET

—

TAROT D'ETTEILA

Commenté par d'Odoucet.

Ce qui arrête souvent les débutants dans l'étude du Tarot divinatoire c'est le sens restreint attribué à chaque ame.

Pour aider les travaux des véritables chercheurs nous avons résumé en ce chapitre VI les travaux les plus ardus d'Etteila et de son disciple d'Odoucet.

Ce chapitre ne sera vraiment utile qu'à ceux qui désirent faire une étude détaillée des 78 lames au point de vue divinatoire.

Il sera peu utile aux lecteurs qui veulent étudier rapidement le livre de Toth.

Arcanes Majeurs

1

LE CONSULTANT

Droite.

Elle signifie Dieu, Etre suprême ; Esprit central ; Chaos.— Méditation, Réflexion, Contention d'esprit.

Renversée.

L'Univers. — L'homme physique ou le mâle. Le Consultant.

(Cette Lame est spéciale au Tarot d'Etteila)

2

ÉCLAIRCISSEMENT

Droite.

Cette lame signifie éclaircissement, Lumière, Explication. — Clarté, Gloire, Ciel et Terre. — Soufre philosophique.

Renversée.

Feu. — Chaleur, Lueur. — Embrasement. — Flamme, Passions. — Météores ; Eclairs, Foudre. — Feu interne, externe et philosophique.

Correspond à la Lame 19 du Tarot égyptien reconstitué par nous.

3

PROPOS

Droite.

Cette lame signifie propos, Colloque, Conversation, Discours, Entretien, Parler, Jaser, Causer. — Médisance, Calomnie, Arrêté, Délibération. — Lune.

Renversée.

Eau fluide, Rosée, Pluie, Mer, Fleuve, Rivière, Source, Torrent, Fontaine, Ruisseau, Lac, Marais, Mare, Nappe d'eau, Etang. — Humidité, Vapeur imprégrée, Fumée,

Mercure, Eau chaotique et philosophique. — Emanation, Frimas, Neige, Exhalaison, Evaporation. — Instabilité, Inconstance, Silence. — Murmure. — Patient.

Correspondance à notre Tarot, Lame 18.

4

DÉPOUILLEMENT

Droite.

Cette lame signifie, Dépouillement, Privation, Dénuement, Abandonnement, Analyse, Extrait, Apurement, Triage, Séparation, Déprédation, Spoliation, Vol, Pertes, Privations de secours.

Renversée.

Air, Vent, Orage, Atmosphère, Climat, Sécheresse, Ciel, Etoiles. — Oiseaux, Subtil, Volatil, Ton. — Manière, Affectation, Tour, Allure, Physionomie, Ressemblance. — Vagues sans consistance. — Arrogance, Hauteur, Importance, Chant, Musique, Mélodie.

Correspondance à notre Tarot, Lame 17.

5

VOYAGE

Droite.

Cette lame signifie Voyage, Route, Marche, Démarches, Déplacement, Pérégrination, Visite, Course, Incursion, Emigration, Transmigration. — Juge. — Déroute. — Rotation, Circulation. — Dépayser, Déconcerter.

Renversée.

Terre, Matière, Boue, Vase, Limon. — Matière première, Soufre et Mercure, Sel des sages, Froid, Epais. —

Gnomide, Monde, Globe terrestre, Etat, Royaume, Empire. — Terrain, Territoire, Possessions, Biens ruraux. — Aspect, Permanence, Fixité, Stagnation. — Inertie. — Animaux, Brute.— Sépulcre, Tombeau.—Cendre, Poudre, Poussière. — Mâtière, Sel philosophique.

Correspondance à notre Tarot Lame 21, (Le Monde).

6

NUIT

Droite.

Cette lame signifie dans sa position naturelle *situs, nuit,* Obscurité, Ténèbres, Privation de lumière, Nocturne, Mystère, Secret, Masque, Caché, Inconnu, Clandestin, Occulte. — Voile, Emblème, Figure, Image, Parabole, Allégorie, Feu mystique, Science Occulte. —Menée sourde, Démarches ténébreuses, Actions clandestines. — Cécité, Embrouiller, Couvrir, Envelopper, Difficulté, Doute, Ignorance.

Renversée.

Jour, Clarté, Lumière, Eclat, Splendeur, Illumination, Manifestation, Evidence, Vérité. — Clair, Visible, Lumineux, Donner le jour, Mettre au jour, Publier, faire éclore. — Percer, se faire jour, Eclairci, Acquérir des connaissances. — Expédient, Facilité. — Ouverture, Fenêtre, Vide, Zodiaque.

Correspondance à notre Tarot, Lame 3.

7

APPUI

Droite.

Cette lame signifie Appui, Soutien, Support, Etai Arc-Boutant, Colonne, Base, Fondation, Fondement.—Principe,

Raison, Cause, Sujet, Fixité. — Assurance, Persuasion, Conviction, Sûreté, Sécurité, Confiance, Certitude.— Aide, Secours, Assistance, Protection. — Soulagement, Consolation.

Renversée.

Protection, Influence, Bienveillance, Bienfaisance, Charité, Humanité, Bonté, Commisération, Pitié, Compassion, Crédit. — Autorisation.

8

CONSULTANTE

Droite.

Cette lame est figurative de la Consultante, elle est figurative de la personne qui, comme femme, intéresse le plus l'homme consultant ; elle signifie la consultante.— Nature, Repos, Tranquillité, Retraite, Vie retirée, Solitaire, Repos dés vieillards. — Temple de la Chaleur, Silence, Ténacité.

Renversée.

Imitation, Jardin d'Eden, Effervescence, Bouillonnement. Fermentation, Ferment, Levain, Acidité.

Correspondance à notre Tarot, Lame 2.

9

LA JUSTICE

Droite.

Cette lame, quant à la médecine de l'esprit, signifie *Justice*, Equité, Probité, Droiture, Rectitude, Raison. — Justice, exécution. — *Thot* ou le livre de *Thot*.

Renversée : Le Légiste.

Législation, Législateur. — Lois, Code, Statuts, Préceptes, Droit naturel, Droit des gens, Droit public, Droit civil, Droit de la guerre. Le Légiste est sous la domination immédiate de cet hiéroglyphe.

Correspondance de notre Tarot, Lame 8.

10

LA TEMPÉRANCE

Droite.

Cette lame, quant à la médecine de l'esprit, signifie *Tempérance*, Modération, Frugalité, Chasteté, Adoucissement, Ménagement, Accommodement. — Egard, Considération. — Température, Climat, *Thot* ou livre de *Thot.*

Renversée.

Ministre, Sacerdoce, Clergé, Eglise, Religion, Secte, le consultant est sous la domination de cette vertu.

Correspondance de notre Tarot, Lame 14.

11

LA FORCE

Droite.

Cette lame, quant à la médecine de l'esprit, signifie Force, Héroïsme, Magnanimité, Grandeur, Courage. — Pouvoir, Puissance, Empire, Ascendant. — Travail d'esprit, Patience, Résignation, *Thot* ou le livre de *Thot.*

Renversée.

Souverain, Royaume, Etat, République, Gouvernement, Administration, Règne, Despotisme, Souveraineté, Pouvoir suprême, Puissance arbitraire, Peuple, Nation, Faiblesse, Défectuosité, Discordance.

Correspondance de notre Tarot, Lame 11.

12

LA PRUDENCE

Droite.

Cette lame, quant à la médecine de l'esprit, signifie Prudence, Réserve, Sagesse, Circonspection, Retenue, Discernement, Prévoyance, Provision. — Pressentiment, Pronostic, Prophète. — *Thot* ou livre de *Thot*.

Renversée.

Nation, Législateur, Corps politique, Population, Génération.

Correspondance de notre Tarot, Lame 12.

13

MARIAGE

Droite.

Cette lame signifie, quant à la médecine de l'esprit : Mariage, Union, Jonction, Assemblage, Lien, Alliance, Chaîne, Esclavage, Gêne, Captivité, Servitude :

Renversée.

Société, Accointance, Alliage, Mélange, Mixtion. — Paix, Concorde, Accord, Harmonie, Bonne Intelligence.

Correspondance de notre Tarot, Lame 5.

14

FORCE MAJEURE

Droite.

Cette lame, quant à la médecine de l'esprit, signifie
Force majeure, Grand mouvement, Véhémence, **Efforts**
extraordinaires, Force, Puissance extraordinaire, Pou-
voirs. — Vertu, Impulsion. — Elans de Génie. — **Ravage,**
Violence, Travail physique.

Renversée.

Légèreté, Faiblesse, Petitesse, Défaillance.

Correspondance de notre Tarot, Lame 15.

15

MALADIE

Droite.

Cette lame, quant à la médecine de l'esprit, signifie : Maladie, Infirmité. — Dérangement, Douleur, Angoisse,
Mal, Déplaisir. — Dommage, Peine, Infortune, Désastre.

Renversée.

Maladie d'esprit, Mal de Tête, Position malheureuse,
Disgrâce, Désagrément, Inquiétude, Affliction. —Médecin,
Mage.

Correspondance de notre Tarot, Lame 1.

16

JUGEMENT

Droite.

Cette lame, quant à la médecine de l'esprit, signifie : Jugement, Dévouement, Intelligence, Conception, Raison, Bon sens. — Raisonnement, Comparaison. — Vue, Soupçon, Pensée. — Opinion, Sentiment, Dissolution.

Renversée.

Arrêt, Décret, Délibération, Décision, Esprit faible, Pusillaminité. — Simplicité.

Correspondance de notre Tarot, Lame 20.

17

MORTALITÉ

Droite.

Cette lame signifie, quant à la médecine de l'esprit : Mort, Mortalité, Anéantissement, Destruction. — Fin, Altération, Pourriture, Corruption, Putréfaction.

Renversée.

Inertie, Sommeil, Léthargie, Pétrification, — Anéantissement, Somnambulisme.

Correspondance de notre Tarot, Lame 13.

18

TRAITRE

Droite.

Cette lame, quant à la médecine de l'esprit, signifie :
Trahison, Déguisement, Dissimulation, Hypocrisie, un
Traître, un Fourbe, Corrupteur, Séducteur. — Ruse, Imposture.

Renversée.

Solitaire, Anachorète, Caché, Dissimulé, Déguisé. —
Politique, Fin.

Lame 9 de notre Tarot.

19

DÉTRESSE

Droite.

Cette lame, quant à la médecine de l'esprit, signifie dans
sa position naturelle : *Situs*, Misère, Détresse, Indigence,
Pauvreté, Disette, Besoin, Nécessité, Calamité, Adversité,
Malheur, Peine, Tourment, Douleur, Affliction, Désagrément,
Punition, Correction, Châtiment. — Réveil, Disgrâce, —
Sévérité, Rigidité, Rigueur.

Renversée.

Emprisonnement, Détention, Arrestation, Captivité,
Oppression, Tyrannie, Chaîne, Sujétion, Assujettissement.

Lame 16 de notre Tarot.

20

FORTUNE

Droite.

Cette lame, quant à la médecine de l'esprit signifie, Bonheur, Félicité, Amélioration, Bonification, Prospérité. — Biens, Richesses, Bénéfices. — Grâces, Faveurs. — Sort, Destin, Aventures, Bonne fortune.

Renversée.

Accroissement, Agrandissement, Abondance, Surcroît. — Croissance, Végétation, Production.

Lame 10 de notre Tarot.

21

DISSENSION

Droite.

Cette lame, quant à la médecine de l'esprit, signifie : Guerre, Dissension, Dispute, Bruit, Troubles, Emeutes, Agitation, Bataille, Lutte, Combat. — Orgueil, Fierté, Vanité, fausse-Gloire, Faste, Ostentation, Audace, Témérité. — Violence, Désordre, Colère, Injure, Présomption, Vengeance.

Renversée.

Bruit, Tapage, Querelle, Différend, Contestation, Litige, Tracasseries, Débats.

Lame 7 de notre Tarot.

Arcanes Mineurs
Roi de Bâton

22

HOMME DE CAMPAGNE

Droite.

Cette lame, quant à la médecine de l'esprit, signifie : dans sa position naturelle, Homme de Campagne, Homme bon et sévère, Homme bien intentionné, Homme honnête. — Conscience, Probité. — Agriculteur, Laboureur, Cultivateur.

Renversée.

Homme bon et sévère. — Indulgence, Sévérité, Tolérance, Condescendance.

Dame de Bâton

23

FEMME DE CAMPAGNE

Droite.

Cette lame, quant à la médecine de l'esprit, signifie dans sa position naturelle : Femme de Campagne, Ménagère, Économie, Honnêteté, Civilité. — Douceur, Vertu. — Honneur, Chasteté.

Renversée.

Femme bonne, Bonté, Excellence. — Obligeant, Officieux, Serviable. — Bienfait, Service, Obligation.

Cavalier de Bâton

24

DÉPART

Droite.

Cette lame, quant à la médecine de l'esprit, signifie dans sa position naturelle : Départ, Déplacement, Eloignement, Absence, Abandon, Changement, Fuite, Désertion, Transmigration, Emigration, — Transposition, Translation, Transplantation, *Transmutation,* Evasion.

Renversée.

Désunion, Brouillerie, Rupture, Dissension, Division, Partie, Séparation, Partage, — Faction, Parti. — Querelle-Démêlé, — Coupure, Fracture, Discontinuation, Interruption.

Valet de Bâton

25

ÉTRANGER

Droite.

Cette lame, quant à la médecine de l'esprit, signifie dans sa position naturelle : Etranger, Inconnu, Extraordinaire. —Etrange, Inusité, Inaccoutumé, Inouï, Surprenant, Admirable, Merveilleux, Prodige, Miracle. — Episode, Digression, Anonyme.

Renversée.

Annonce, Instruction, Avis, Avertissement, Admonition, Anecdotes, Chronique, Histoire, Contes, Fables, Notions, Enseignement.

Dix de Bâton

26

TRAHISON

Droite.

Cette lame, quant à la médecine de l'esprit, signifie dans
sa position naturelle : Trahison, Perfidie, Fourberie, Tromperie, Ruse, Surprise, Déguisement, Dissimulation, Hypocrisie, Prévarication, Duplicité, Déloyauté, Noirceur,
Fausseté, Conjuration, Conspiration. — Imposture.

Renversée.

Obstacle, Empressement. — Barre, Entrave, Contrariétés, Difficultés, Peine, Travail. — Incommodité, Abjection, Chicane, Réclamation, Ecueil, Haie, Retranchement,
Redoute, Fortification.

Neuf de Bâton.

27

RETARD

Droite.

Cette lame, quant à la médecine de l'esprit, signifie dans
sa position naturelle : Retard, Délais, Eloignement, Remise,
Renvoi, Suspension, Allongement, Lentement, Ralentisse-
ment.

Renversée.

Traverse, Obstacle, Empêchements, Contrariété, Désavantage, Adversité, Peine, Infortune, Malheurs, Calamité.

Huit de Bâton.

28

CAMPAGNE

Droite.

Cette lame, quant à sa médecine, signifie dans sa position naturelle : Campagne Champ, Plaine, Agriculture, Culture, Labourage, Biens-fonds, Immeuble, Ferme, Métairie, Jardin, Verger, Prairie, Bois, Bosquet, Ombrage, Plaisir, Divertissement, Amusement, Passe-temps, Récréations, Réjouissance, Paix, Calme, Tranquillité, Innocence, Vie champêtre — Forêt, Vallon, Montagne, Camp de Guerre.

Renversée.

Dispute intérieure, Examen, Raisonnement, Mésintelligence — Regrets, Remords, Repentir, Agitation interne, Irrésolution, Incertitude, Indécision, Inconcevable, Imcompréhensible, Doute, Scrupule, Conscience timorée.

Sept de Bâton.

29

POUR PARLER

Droite.

Cette lame, quant à la médecine de l'esprit, signifie dans sa position naturelle ; Pourparler, Entretien, Conférence, Colloque, Conversation, Dissertation, Délibération, Discussion — Parole, Prononciation, Langue, Idiome, Patois, Négociation, Marché, Echange, Mesure, Commerce, Trafic, Correspondance, — Parler, Dire, Proférer, Conférer, Jaser, Causer, Diviser, Caqueter. Bavarder.

Renversée.

Indécision, Irrésolution, Incertitude, Perplexité, Inconstance, Légèreté, Variation, Variété, Diversité, Hésiter, Hésitation, — Chanceler, Vaciller, Versatilité.

Six de Bâton.

30

DOMESTIQUE

Droite.

Cette lame, quant à la médecine de l'esprit, signifie dans sa position naturelle : Domestique, Serviteur, Valet, Laquais, Servante, Mercenaire, Inférieure, Esclave. — Courrier, Commissionnaire, Ménager — Intérieur de la maison, Ménage, Famille, Totalité des serviteurs de la maison.

Renversée.

Attente, Espoir, Espérance, Faire fond, se fonder, se fier, se promettre. — Confiance, Prévoyance. — Crainte, Appréhension.

Cinq de Bâton.

31

OR

Droite.

Cette lame, quant à la médecine de l'esprit, signifie dans sa position naturelle ; Or, Richesse, Opulence, Magnificence, Somptuosité, Eclat, Luxe, Abondance, Bien. — Soleil physique, philosophique et moral.

Renversée.

Procès, Litige, Différends, Démêlés, Contestations, Disputes, Instance, Instruction, Poursuite. — Contrariétés, Discussions, Chicane, Tracasserie. — Contradiction, Inconséquence.

Quatre de Bâton.

32

SOCIÉTÉ

Droite.

Cette lame, quant à la médecine de l'esprit dans sa position naturelle signifie : Société, Association, Assemblée Liaison, Fédération, Alliance, Assemblage, Réunion, Cercle, Communauté, Attroupement, Multitude, Foule, Cohue, Troupes, Bande, Compagnie, Cohorte, Armée. — Convocation, Accompagnement, Mixtion, Mélange, Alliage, Amalgame. — Contrat, Convention, Pacte, Traité.

Renversée.

Prospérité, Augmentation, Accroissement, Avancement, Succès, Réussite, Bonheur, Florissement, Félicité. — Beauté, Embellissement.

Trois de Bâton

33

SOCIÉTÉ

Droite.

Cette lame, quant à la médecine de l'esprit, signifie dans sa position naturelle: Entreprise, Entreprendre, Commen-

cer. —Usurper, s'emparer. —Audace, Témérité, Hardiesse
— Imprudence, Entreprenant, Hardi, Téméraire, Auda-
cieux. — Entrepris, embarrassé. —Déconcerté, —Perclus,
Effort, Essai, Tentation.

Renversée.

Interruption de malheurs, de Tourments, de Peine,
de Travail. — Fin, Cessation, Discontinuation, Relâche,
Repos, Influence, Intermédiaire, Intermittence.

Deux de Bâton

34

CHAGRIN

Droite.

Cette lame, quant à la médecine de l'esprit, signifie dans
sa position naturelle : Chagrin, Tristesse, Mélancolie, Affliction, Déplaisir, Douleur, Désolation, Mortification, Humeur.
Fâcherie, Vapeurs, Idées sombres. — Aigreur, Colère,
Dépit.

Renversée.

Surprise, Enchantement, Saisissement, Trouble, Événement imprévu, Fait inattendu, Frayeur, Emotion, Crainte,
Effroi, Epouvante. — Consternation, Etonnement, Domination, Ravissement, Alarmes — Merveille, Phénomène, Miracle.

As de Bâton

35

NAISSANCE

Droite.

Cette lame signifie dans sa position naturelle, quant à
la médecine de l'esprit : Naissance, Commencement. —

9

Nativité, Origine, Création. — Source, Principe, Primauté
Primeur, — Extraction, Race, Famille, Condition, Maison,
Lignée, Postérité, Occasion, Cause, Raison, Premier, Pré-
mices.

Renversée.

Chute, Cascade, Décadence, Déclin, Dépérissement,
Amoindrissement, Dissipation, Faillite, Banqueroute, Ruine
Destruction, Démolition, Dégât, Ravage. — Faute, Erreur,
Méprise, Abattement, Accablement, Découragement. —
Perdition, Abîme, Gouffre, Précipice. — Périr, Tomber,
Déchoir, Déroger. — Profondeur.

Roi de Coupe

36

HOMME BLOND

Droite.

Cette lame, quant à la médecine de l'esprit, signifie dans
sa position naturelle : Homme blond, Honnête homme,
Probité, Equité, Art, Science.

Renversée.

Homme en place, Homme distingué, Honnête homme.
— Malhonnête homme. — Exaction, Concussion, Injustice,
Brigand, Voleur, Fripon. — Vice, Corruption, Scandale.

Dame de Coupe

37

FEMME BLONDE

Droite.

Cette lame, quant à la médecine de l'esprit, signifie dans
sa position naturelle : Femme blonde. — Honnête Femme,
Vertu, Sagesse, Honnêteté.

Renversée.

Femme d'un rang distingué, Honnête Femme. — Vice, Malhonnêteté, Dépravation, Dérèglement, Corruption, Scandale.

Cavalier de Coupe

38

ARRIVÉE

Droite.

Cette lame, quant à la médecine de l'esprit, signifie dans sa position naturelle ; Arrivée, Venue, Approche, Abord, Accueil, Accès, Rapprochement. — Conformité — Avènement, Approximation. — Accession. — Affluence. — Comparaison.

Renversée.

Friponnerie, Scélératesse, Tromperie, Ruse, Artifice. — Finesse, Adresse, Souplesse, Tricherie. — Subtilité, Irrégularité. — *Noirceur.*

Valet de Coupe

39

GARÇON BLOND

Droite.

Cette lame, quant à la médecine de l'esprit, signifie, dans sa position naturelle, Garçon blond, Studieux. — Etude, Application, Travail, Réflexion, Observation, Considération, Méditation, Contemplation, Occupation. — Métier, Profession, Emploi.

Renversée.

Penchant, Pente, Propension, Inclination, Attraction, Goût, Sympathie, Passion, Affection, Attachement, Amitié. — Cœur, Envie, Désir, Attrait, Engagement, Séduction, Invitation, Agrément. — Flatterie, Cajolerie, Flagornerie, Adulation, Éloge, Louange. — Incliné, qui menace ruine, qui tire à la fin.

Dix de Coupe

40

LA VILLE

Droite.

Cette lame, quant à la médecine de l'esprit signifie dans sa position naturelle, Ville, Cité, Patrie, Pays, Bourg, Village, Lieu, Site, Demeure, Habitation, Résidence. — Citoyen, Corps de bourgeois, Habitant de la Ville.

Renversée.

Courroux, Indignation, Agitation, Irritation, Emportement, Colère, Violence.

Neuf de Coupe

41

VICTOIRE

Droite.

Cette lame, quant à la médecine de l'esprit, signifie dans sa position naturelle : Victoire, Succès, Réussite, Avantage, Gain. — Pompe, Triomphe, Trophée, Prééminence, Supériorité. — Spectacle, Appareil, Attirail.

Renversée.

Sincérité,Vérité, Réalité,Loyauté, Bonne foi, Franchise, Ingénuité, Candeur, Ouverture de cœur, Simplicité. — Liberté, Science,Privauté, Familiarité,Hardiesse, Aisance, Déréglement.

Huit de Coupe

42

FILLE BLONDE

Droite.

Cette lame,quant à la médecine de l'esprit,signifie dans sa position naturelle : Fille blonde, Honnête fille,Fille pratique, Honneur, Pudeur, Modestie, Retenue, Timidité, Crainte, Appréhension, Douceur, Agrément.

Renversée.

Satisfaction, Bonheur, Contentement, Gaieté, Joie, Allégresse,Réjouissance,Divertissement,Fête.— Excuse,Réparation, Disculpation. — Joie publique, Spectacle, Appareil, Apprêt, Préparatif, Disposition.

Sept de Coupe

43

LA PENSÉE

Droite.

Cette lame, quant à la médecine de l'esprit, signifie dans sa position naturelle, Pensée, Ame, Esprit, Intelligence, Idée, Mémoire, Imagination, Entendement, Conception,

Méditation, Contemplation, Réflexion, Délibération, Vue, Opinion, Sentiment.

Renversée.

Projet, Dessin, Intention, Désir, Volonté, Résolution, Détermination, Préméditation.

Six de Coupe

44

LE PASSÉ

Droite.

Cette lame, quant à la médecine de l'esprit, signifie dans sa position naturelle : le Passé, Prétérit, Fané, Flétri. — Anciennement, Antérieurement, Précédemment, Jadis, Autrefois. — Vieillesse, Décrépitude, Antiquité.

Renversée.

Avenir, Futur. — Après, Ensuite, Postérieurement, Ultérieurement. — Régénération, Résurrection. — Reproduction, Renouvellement, Réitération.

Cinq de Coupe

45

HÉRITAGE

Droite.

Cette lame, dans sa position naturelle, signifie, quant à la médecine de l'esprit : Heritage, Succession, Legs, Don, Donation, Dot, Patrimoine, Transmission, Testament. — Tradition, Résolution. — Cabale.

Renversée.

Consanguinité, Sang, Famille, Aïeux, Ancêtres, Père, Mère, Frère, Sœur, Oncle, Tante, Cousin, Cousine. — Filiation, Extraction, Race, Lignée, Alliance. — Affinité, Accointance, Rapport, Liaisons.

Quatre de coupe

46

ENNUI

Droite.

Cette lame, quant à la médecine de l'esprit, signifie dans sa position naturelle : Ennui, Déplaisir, Mécontentement, Dégoût, Aversion Inimitié, Haine, Horreur, Inquiétude. Peine d'esprit, Chagrin léger, Affliction, Pénible, Fâcheux, Déplaisant. — Chagrinant, Affligeant.

Renversée.

Nouvelle Instruction, Nouvelle Lumière. —Indice, Indication, Conjecture. — Augure, Présage. —Pressentiments, Pronostic, Prédiction, Nouveauté.

Trois de Coupe

47

RÉUSSITE

Droite.

Cette lame, quant à la médecine de l'esprit, signifie dans sa position naturelle : Réussite, Science, Heureuse issue, Heureux dénoûment, Victoire. — Guérison, Cure, Soulagement, — Accomplissement. — Perfection.

Renversée.

Expédition, Dépêche, Exécution, Achèvement, Fin, Conclusion, Terminaison, Accomplissement.

Deux de Coupe

48

AMOUR

Droite.

Cette lame, quant à la médecine de l'esprit, signifie dans sa position naturelle : Amour, Passion, Inclination, Sympathie, Attrait, Propension, Amitié, Bienveillance, Affection, Attachement, Goût, Liaison, Galanterie, Attraction, Affinité.

Renversée,

Désir, Souhait, Vœux, Volonté, Envie, Convoitise, Cupidité, Concupiscence, Jalousie, Passion, Illusion, Appétit.

As de Coupe

49

TABLE

Droite.

Cette lame, quant à la médecine de l'esprit, signifie dans sa position naturelle, Table, Repas, Festin, Gala, Régal, Nourriture, Aliment, Nutrition. — Convives, Services. — Invitation, Prière, Supplique, Convocation. — Hôte, Hôtel, Hôtellerie, Auberge, — Abondance, Fertilité, Production, Solidité, Stabilité, Fixité, Constance, Persévérance, Continuation, Durée, Suite, Assiduité, Persistance, Fermeté,

Courage. — Tableau, Peinture, Image, Hiéroglyphe, Description. — Tablettes, Portefeuille, Bureau, Secrétaire. — Table de la nature, Table d'airain, Table de marbre, Loi. — Catalogue, Table des matières. — Table d'harmonie, Table de jardin, Sainte Table.

Renversée.

Mutation, Permutation, Transmutation, Altération, Vicissitude, Variétés, Variation, Inconstance, Légèreté. — Echange, Troc, Achat, Vente, Marché, Traité, Convention. — Métamorphose, Diversité, Versatilité, Renversement, Bouleversement, Révolution, Réversion. — Version, Traduction, Interprétation.

Roi d'Epées

50

HOMME DE ROBE

Droite.

Cette lame, quant à la médecine de l'esprit, signifie dans sa position naturelle, Homme de robe, Homme de loi, Juge, Conseiller, Assesseur, Sénateur, Homme d'affaires, Praticien, Avocat, Procureur, Docteur, Médecin. — Juriste, Jurisprudence. — Plaideur, Juriconsulte.

Renversé.

Mal intentionné, Méchanceté, Perversité, Perfidie, Crime, Cruauté, Atrocité, Inhumanité.

Dame d'Epées

51

Droite.

Cette lame, quant à la médecine de l'esprit, signifie dans sa position naturelle, Veuvage, Viduité, Privation, Absence, Disette, Stérilité, Indigence, Pauvreté. — Vide, Vacant, Désoccupé, Désœuvré, Oisif, Libre.

Renversé.

Méchante Femme. — Malignité, Malice, Fourberie, Finesse, Artifice, Espièglerie, Bigoterie, Pruderie, Hypocrisie.

Cavalier d'Epées

52

Droite.

Cette lame, quant a la médecine de l'esprit, signifie dans sa position naturelle, Militaire, Homme d'épée, Homme d'armes, Maître d'escrime, Spadassin. — Soldat de tout corps et de toute arme. Combattant, Ennemi. — Dispute, Guerre, Combat, Bataille, Duel. — Attaque, Défense, Opposition, Résistance, Destruction, Ruine, Renversement. — Inimitié, Haine, Colère, Ressentiment. — Courage, Valeur, Bravoure. — Satellite, Stipendiaire.

Renversée.

Impéritie, Ineptie, Sottise, Bêtise, Stupidité, Imprudence,

Impertinence, Extravagance, Ridiculité, Niaiserie. — Escroquerie, Filouterie, Friponnerie, Industrie.

Valet d'Epées

53

SURVEILLANT

Droite.

Cette lame, quant à la médecine de l'esprit, signifie dans sa position naturelle, Espion, Curieux, Observateur, Scrutateur, Amateur, Surveillant, Intendant. — Examen, Note, Remarque, Observation, Annotation, Spéculation, Compte, Calcul, Supputation. — Savant, Artiste.

Renversée.

Improviste, Soudain, Soudainement, Tout à coup. — Etonnant, Surprenant, Inopinément. — Improviser, Agir et parler sans préparation, Composer et réciter sur-le-champ.

Dix d'Epées

54

AFFLICTION

Droite.

Cette lame, quant à la médecine de l'esprit, signifie dans sa position naturelle, Pleurs, Larmes, Sanglots, Gémissements, Soupirs, Plaintes. Lamentations, Doléances, Affections, Chagrins, Tristesse, Douleur, Jérémiade, Lai, Désolation.

Renversé.

Avantage. Gain, Profit, Succès. — Grâce, Faveur, Bienfait. — Ascendant, Pouvoir, Empire, Autorité, Puissance, Usurpation.

Neuf d'Epées

55

CÉLIBATAIRE

Droite.

Cette lame, quant à la médecine de l'esprit, signifie dans sa position naturelle, Célibataire, Célibat, Virginité, Abbé, Prêtre, Moine, Ermite, Religieux, Religieuse. — Temple, Eglise, Monastère, Couvent, Ermitage, Sanctuaire. — Culte, Religion, Piété, Dévotion, Rit, Cérémonie, Rituel. — Reclus. Recluse, Anachorète, Vestale.

Renversée.

Juste défiance, Soupçon fondé, Crainte légitime, Méfiance Doute, Conjecture. — Scrupule, Conscience timorée, Pur, Timidité, Pudeur. — Honte, Vergogne.

Huit d'Epées

56

CRITIQUE

Droite.

Cette lame, quant à la médecine de l'esprit, signifie dans sa position naturelle, Critique, Position fâcheuse, Moment critique, Temps critique, Instant décisif, Situation malheureuse, Circonstance délicate, Crise. — Examen, Discussion, Recherches, Blâme, Censure, Glose, Epilogue, Contrôle, Improbation, Condamnation, Cassation, Jugement, Mépris.

Renversée.

Incident, Difficulté, Circonstance particulière, Conjonction, Evénement, Accessoire, Inconscient, Obstacle, Retard, Retardement. — Abjection. — Contestation, Contradiction, Opposition, Résistance, Chicane. — Inopiné, Imprévu, Cas fortuit, Aventure, Occurrence, Destin, Fatalité, Accidents, Malheurs, Disgrâce, Infortune, . Symptôme.

Sept d'Epées

57

ESPÉRANCE

Droite.

Cette lame, quant à la médecine de l'esprit, signifie dans sa position naturelle, Espérance, Attente, espoir, Prétendre. se Fonder, se Surfaire, Fond, Dessein, Volonté, Vouloir, Souhait, Vœu, Envie, Goût, Fantaisie.

Renversée.

Sages avis, Bons conseils, Avertissements salutaires, Instruction, Leçon. — Observation, Réflexion, Remarque, Avisement, Pensée. — Réprimande, Reproche. — Nouvelle, Annonce, Affiche. — Consultation, Admonition.

Six d'Epées

58

ROUTE

Droite.

Cette lame, quant à la médecine de l'esprit, signifie dans sa position naturelle, Route, Allée, Chemin, Cours, Passage,

Sentier, Voie. — Marche, Traite, Démarche, Prevenance, Conduite. Moyen, Manière, Façon, Expédient, Course, Carrière, Promenade, Exemple, Trace, Vestige, Envoi, Commissionnaire.

Renversée.

Déclaration, Acte déclaratif, Développement, Explication, Interprétation. — Charte, Constitution, Diplôme, Loi manifeste, Ordonnance. — Publication, Proclamation, Ostensibilité, Affiche, Publicité, Authenticité, Notoriété. — Dénonciation, Dénombrement — Enumération. — Connaissance. Découverte, Dévoilement, Vision, Révélation, Apparition, Apparence, Aveu, Confession, Protestation, Approbation, Autorisation.

Cinq d'Epée

59

PERTE

Droite.

Cette lame, quant à la médecine de l'esprit, signifie dans sa position naturelle : Perte, Altération, Déchet, Dégradation, Déperdition, Dépérissement, Destruction, Détérioration, Détriment, Diminution, Dommages, Echecs, Préjudice, Tare, Tort, Avarice, Décadence des affaires, Dégâts, Désavantage, Dévastation, Dilapidation, Dissipation, Infortune. Malheurs, Renversement. Revers de fortune, Ruine. — Défaite. Déroute. — Débauche. Honte, Diffamation, Déshonneur, Infamie, Ignominie. Affront, Laideur, Difformité, Humiliation. — Vol, Larcin, Rapt, Plagiat, Enlèvement, Hideux, Horrible. — Opprobre, Corruption, Dérèglement, Séduction, Libertinage.

Renversée.

Deuil, Abattement, Affection, Chagrin, Douleur, Peines

d'esprit, Pompe funèbre, Enterrement, Obsèques, Funérailles, Inhumation, Sépulture.

Quatre d'Epée

60

SOLITUDE

Droite.

Cette lame signifie, quant à la médecine de l'esprit et dans sa position naturelle, Solitude, Désert, Retraite, Hermitage. — Exil, Bannissement, Proscription. — Inhabité, Isolé, Abandonné, Délaissé. — Tombeau, Sépulcre, Cercueil.

Renversée.

Economie, Bonne Conduite, Sage Administration, — Prévoyance, Direction, Ménage, Epargne, Avarice. — Ordre, Arrangement, Rapport, Convenance, Concert, Accord, Concordance, Harmonie, Musique, Disposition. — Testament. — Réserve, Restriction, Exception. — Circonspection, Circonscription, Retenue, Sagesse, Sympathie. Ménagement, Précaution.

Trois d'Epées

61

ÉLOIGNEMENT

Droite.

Cette lame, quant à la médecine de l'esprit, signifie dans sa position naturelle : Eloignement, Départ, Absence, Ecart, Dispersion, Lointain, Retard.— Dédain, Répugnance,

Aversion, Haine, Dégoût, Horreur. — Incompatibilité, Contrariété, Opposition, Insociabilité, Misanthropie, Incivilité, — Séparation, Division, Rupture, Antipathie, Section, Coupure.

Renversée.

Egarement, Démence, Divagation, Aliénation d'esprit, Distraction, Conduite folle. — Erreur, Mécompte, Perte, Détour, Ecart, Dispersion.

Deux d'Epée

62

AMITIÉ

Droite.

Cette lame, quant à la médecine de l esprit, signifie dans sa position naturelle : Amitié, Attachement, Affection, Tendresse, Bienveillance, Rapport, Relation, Identité, Intimité, Convenance, Correspondance, Intérêt, Conformité, Sympathie, Affinité, Attraction.

Renversée.

Faux, Fausseté, Mensonge, Imposture, Duplicité, Mauvaise Foi, Supercherie, Dissimulation, Fourberie, Tromperie, Superficiel, Superficie, Surface.

As d'Epées

63

FRUCTIFICATION

Droite.

Cette lame, quant à la médecine de l'esprit, signifie dans sa position naturelle: Extrême, Grand, Excessif. — Outré,

Furieux, Emporté. — Extrêmement, Passionnément, Excessivement, — Véhémence, Animosité, Transport, Emportement, Colère, Fureur, Rage. — Extrémité, Bornes, Confin, Bout, Limites. — Dernier soupir, Dernière Extrémité. — Brouillerie.

Renversée.

Grossesse, Germe, Semence, Sperme, Matière, Engrossement, Engendrement, Conception, Fructification. — Accouchement, Enfantement. — Fécondation, Production, Composition. — Agrandissement, Augmentation, Multiplicité.

Roi de Deniers

64

HOMME BRUN

Droit.

Cette lame, quant à la médecine de l'esprit, signifie dans sa position naturelle:Homme brun, Commerçant, Négociant, Banquier, Agent de Change, Calculateur, Spéculateur. — Physique, Géométrie, Mathématique, Science. — Maître, Professeur.

Renversée.

Vice, Défaut, Faiblesse, Défectuosité, Conformation défectueuse, Nature informe. — Dérèglement, Laideur, Difformité. — Corruption. — Puanteur.

Dame de Deniers

65

FEMME BRUNE

Droite.

Cette lame, quant à la médecine de l'esprit, signifie dans sa position naturelle: Femme brune, Opulence, Richesse,

Faste, Luxe, Somptuosité. — Assurance, Sûreté, Confiance, Certitude, Affirmation. — Sécurité, Hardiesse, Liberté, Franchise.

Renversée.

Mal sûr, Douteux, Incertain, Doute, Indécision, Incertitude. — Peur, Crainte, Frayeur, Timidité, Appréhension, Vacillation, Hésitation. — Indéterminé, Irrésolu, Perplexe, qui est en suspens.

Cavalier de Derniers

66

UTILITÉ

Droite.

Cette lame, quant à la médecine de l'esprit, signifie dans sa position naturelle: Utile, Avantage, Gain, Profit, Intérêt — Profitable, Intéressant, Avantageux, Important, Nécessaire, Obligeant, Officieux.

Renversée.

Paix, Tranquillité, Repos, Sommeil, Apathie, Inertie. Stagnation, Inactivité; Désœuvrement. — Loisirs, Passe-temps. — Récréation, Insouciance, Nonchalance, Indolence, Paresse, Fainéantise, Engourdissement, Découragement, Anéantissement.

Valet de Deniers

GARÇON BRUN

Droite.

Cette lame, quant à la médecine de l'esprit, signifie dans sa position naturelle : Garçon brun, Étude, Instruction,

Application, Méditation, Réflexion. —Travail, Occupation, Apprentissage. — Ecolier, Disciple. Elève, Apprenti, Amateur, Etudiant, Spéculant, Négociant.

Renversée.

Profession, Superfluité, Largesse, Luxe, Somptuosité, Magnificence, Abondance, Multiplicité. —Libéralité, Bienfait, Générosité, Bienfaisance. — Foule, Multitude. — Dégradation, Dilapidation, Pillage, Dissipation.

Dix de Deniers

63

LA MAISON

Droite.

Cette lame, quant à la médecine de l'esprit, signifie dans sa position naturelle : Maison, Ménage, Economie, Epargne. — Demeure, Domicile, Habitation, Manoir, Logis, Régiment, Bâtiment, Vaisseau, Vase. — Archive, Château, Chaumière. — Famille, Extraction, Race, Postérité. — Antre, Caverne, Repaire.

Renversée.

Lot, Fortune, Jeu, Cas fortuit, Hasard, Ignorance, Sort, Destin, Destinée, Fatalité. — Occasion heureuse ou malheureuse.

Neuf de Deniers

EFFET

69

Droite.

Cette lame, quant à la médecine de l'esprit, signifie dans

sa position naturelle : Effet, Réalisation, Positif, Accomplissement, Réussite.

Renversée.

Duperie, Escroquerie, Déception, Promesses, sans effets, Vaines expérances, projets avortés.

Huit de Deniers

70

FILLE BRUNE

Droite.

Cette lame, quant à la médecine de l'esprit, signifie dans sa position naturelle : Fille brune, passif, Grande nuit.

Renversée.

Aspiration du vide, Avarice, Usure.

Sept de Deniers

71

ARGENT

Droite.

Cette lame, quant à la médecine de l'esprit, signifie dans sa position naturelle : ¡Argent, Richesse, Somme, Monnaie. — Argenterie. — Blancheur, Parité, Candeur, Innocence, Ingénuité, Lune. — Purgation, Purification.

Renversée

Inquiétude, Tourment d'esprit, Impatience, Affliction, Chagrin, Souci, Sollicitude, Soin, Attention, Diligence, Application. — Appréhension, Crainte, Défiance, Méfiance, Soupçon.

Six de Deniers

72

LE PRÉSENT

Droite.

Actuellement, Présentement, Maintenant, Incontinent, Soudainement, à l'instant, à cette heure. Aujourd'hui, Assistant, Témoin, Contemporain. — Attentif, Soigneux, Vigilant.

Renversée.

Désir, Souhait, Ardeur, Empressement, Passion, Recherches, Cupidité, Envie, Jalousie, Illusion.

Cinq de Deniers

73

AMANT, AMANTE

Droite.

Cette lame, quant à la médecine de l'esprit, signifie dans sa position naturelle : Amant, Amante, Amoureux, Amoureuse, Galant, Galante, Mari, Femme, Epoux, Epouse, Ami, Amie. — Amateur, Maîtresse. — Aimer, Chérir, Adorer. — Assortiment, Accord, Convenance, Sortabilité, Bienséance.

Renversée.

Désordonné, Contre-Ordre. — Inconduite, Désordre, Trouble, Confusion, Chaos. — Dégât, Ravage, Ruine. — Dissipation, Consomption. — Dérèglement, Libertinage. — Discorde, Désharmornie, Discordance.

Quatre de Deniers

74

BIENFAIT

Droite.

Cette lame, quant à la médecine de l'esprit, signifie dans sa position naturelle : Présent, Cadeau, Générosité, Bienfait, Libéralité, Etrenne, Grâce, Offrande, Don, Gratification, Service. — Couleur blanche, Médecine lunaire, Pierre au blanc.

Renversée.

Enceinte, Circuit, Circonvolution, Circonscription, Circonférence, Cercle, Circulation. —Intercepter, Obstruction, Engorgement, Accaparement, Cloître, Monastère, Couvent. — Arrêté, Fixé, Déterminé, Définitif, Extrémité, Bornes, Limites, Termes, Fin, Barrière, Cloison, Muraille, Haie, Paroi. — Obstacles, Barres, Empêchement, Suspension, Retard, Opposition.

Trois de Deniers

75

IMPORTANT

Droite.

Cette lame, quant à la médecine de l'esprit, signifie dans sa position naturelle, Noble, Conséquent, Célèbre, Important, Grand, Majeur, Etendue, Vaste, Sublime, Renommé, Fameux, Puissant, Elevé, Illustre. — Illustration, Considération, Grandeur d'âme, Noblesse de procédés, Actions généreuses, Magnifiquement, Splendidement.

Renversée.

Puérilité, Enfance, Enfantillage, Frivolité. — Affaiblissement, Abaissement, Diminution, Politesse, Modicité, Médiocrité, Minutie, Bagatelle, Frivolité, Bassesse, Lâcheté Poltronnerie, Rejeton, Petite, Puérile, Chétif, Bas, Rampant, Vil, Abject, Humble. — Abjection, Humilité, Humiliation.

Deux de Deniers

76

EMBARRAS

Droite.

Cette lame, quant a la médecine de l'esprit, signifie dans sa position naturelle, Embarras, Obstacle, Engagement, Obstruction, Accroc, Anicroche. — Trouble, Tracas, Emotion, Brouillement, Confusion, Difficulté, Empêchement, Entortillement, Obscurité. — Agitation, Inquiétude, Perplexité, Sollicitude.

Renversée.

Billet, Ecrit, Ecriture, Texte, Littérature, Doctrine, Erudition, Ouvrage, Livre, Production, Composition. — Dépêche, Epître, Missive. — Caractère. — Sens littéral. — Alphabet, Eléments, Principes, Lettre de change.

As de Deniers

77

PARFAIT CONTENTEMENT

Droite.

Cette lame, quant à la médecine de l'esprit, signifie dans sa position naturelle : Parfait contentement, Félicité, Bonheur, Ravissement, Enchantement, Extase, Merveille, Entière satisfaction, Joie complète, Plaisir inexprimable, Couleur rouge, Médecine parfaite, Médecine solaire, Pure, Accomplie.

Renversée.

Somme, Capital, Principal. — Trésor, Richesses, Opulence. — Rare, Cher, Précieux, Inestimable.

(O des Arcanes majeurs)

78

FOLIE

Droite.

Cette lame, quant à la médecine de l'esprit, signifie dans sa position naturelle : Folie, Démence, Extravagance, Déraison, Egarement, Ivresse, Délire, *Frénésie*, Tare, Fureur, Transport. — *Enthousiasme.* — Aveuglement, *Ignorance.* — Fol, Insensé, Irraisonnable, Innocent, Simple, Niais.

Renversée.

Imbécillité, Ineptie, Insouciance, Bêtise, Imprudence, Négligence, Absence, Distraction. — Apathie, Evanouissement, Anéantissement, Sommeil, Néant, Nullité, Vide, Rien. — Vain.

CHAPITRE VII

CONCLUSION GÉNÉRALE. — RECHERCHES ET DOCUMENTS HISTO-
RIQUES. — ETTEILA. — ÉLIPHAS LÉVI. — CHRISTIAN. —
PAPUS. — LE TAROT PHILOSOPHIQUE.

Maîtres vénérés, antiques initiateurs d'Egypte, c'est le
Bateleur, le faiseur de tours, l'amuseur des foules que
vous avez placé en tête de votre livre de la Science éternelle.

De même que, jadis, on donnait à l'Initié un scarabée
de terre qui en s'ouvrant par un ressort secret montrait,
sculptés dans l'or et dans l'ivoire les douze dieux de
l'Olympe, de même se présente le Tarot.

A tous les orgueilleux, à tous les pédants, qui, pressen-
tant les enseignements de la Haute Science, méprisent les
enseignements du sort, le Bateleur se présente et dit :
« Voyez mes gobelets en forme de coupe, voyez ma ba-
guette, mon épée, mes talismans. J'amuse les foules, j'ins-
truis les Sages. Mais on n'instruit pas sans amuser. »

Voilà pourquoi, Maîtres Vénérés, avant d'aborder la
voie déjà illustrée par Guillaume Postel et avant lui par
Raymond Lulle ; par le docte Eliphas Lévi et avant lui
par l'instinctif Etteila ; avant de combiner les lames du
Tarot en vue des enseignements philosophiques et religieux, j'ai voulu décrire le Tarot du bateleur, le tarot de
la cartomancienne, le livre admirable de la marchande
d'espoir. Tout se tient dans la nature et, si le Bateleur qui
ouvre le livre est entouré d'instruments physiques de
magie, la Vérité, qui ferme ce livre, évolue entre les
quatre symboles des forces vivantes en action dans tous

les plans. Aussi le Tarot philosophique est-il la fin et le complément du Tarot divinatoire qui est l'introduction.

Voilà pourquoi, Maîtres Vénérés, celui dont l'œuvre est issue de vos enseignements, dédie son modeste travail à votre mémoire et il prie pour que vous bénissiez ceux qui le comprennent et pour que vous pardonniez ceux qui se moquent et qui rient parce qu'ils ne comprennent pas.

Les auteurs contemporains qui se sont occupés du Tarot sont principalement Etteila d'Odoucet, Eliphas Lévi et Christian, si l'on ne s'occupe que des écrivains antérieurs à 1880.

Nous allons donner un aperçu des recherches de chacun de ces auteurs.

Pour les travaux de d'Odoucet il suffira de se reporter au chapitre IV où ces travaux sont exposés en détail.

Etteila a fait des études sur les nombres du Tarot et sur ses hiéroglyphes.

Nous donnons deux exemples de ses recherches sur le livre de *Toth* au point de vue numéral.

Tirage des Tarots.

Les ignorants opèrent mal en tout ce qu'ils font ; mais il n'en est pas de même des hommes instruits ; ainsi les Egyptiens prenaient le livre de *Thot*, le mélangeaient en tout sens, sans qu'ils vissent les Hiéroglyphes, et ils faisaient couper ce livre en deux par leurs Consultants et ils prenaient la première carte et la mettaient en B, la seconde en A, et la troisième, ils la reportaient sur B (soit ici B, A). La quatrième en B, la cinquième en A, la sixième en B. Enfin, la septième en B, ainsi jusqu'à la fin de manière que sur A il y avait *vingt-six lames,* et sur B *cinquante-deux.*

Avec les cinquante-deux ils recommençaient la même opération (sur D, C) et il se trouvait sur C, 17 lames et sur D, 35, ils mettaient encore de côté les *dix-sept;* et

avec les *trente-cinq* restantes, ils recommençaient l'opération F, E, de manière qu'il venait en E, *onze* lames, et
en F, *vingt-quatre.*

Il se trouve que A = 26. B = 0. C = 17. D = 0.
E = 11. F = 24; mais ces dernières n'étaient pas inter-
prétées (*Notez qu'à chaque opération, il faut toujours
mélanger à tête-bêche et couper*).

Ainsi, prenant A, ils lisaient lame à lame (*de droite à
gauche dont l'esprit est dû tout à ses parties*) ce qu'elles
annonçaient et ensuite ils prenaient la première et la
laissaient parler avec la 26ᵉ lame. A étant finie, ils inter-
prétaient C et enfin E).

Lisez la *Cartomancie*, 3ᵉ édition de 1782 ; elle vous
donnera la marche entière, quoique le *Eteilla* ne soit, je
l'avoue, qu'une copie d'après les Egyptiens, ainsi que la
Stéganographie de *Trithème*, de même que la théorie de
Raimond Lulle, toutes copies, dis-je, du livre de *Thot*, ou
pour parler à tout le monde, des cartes nommées *Tarots.*

Leur deuxième opération était de tirer trois fois 7 lames
qu'ils arrangeaient en cette sorte :

7. 6. 5. 4. 3. 2. 1. A.
7. 6. 5. 4. 3. 2. 1. B.
7. 6. 5. 4. 3. 2. 1. C.

Si A ne répondait pas à leurs questions, ils retiraient
dessous 7 autres lames : 7. 6. 5. 4. 3. 2. 1. A. Si cela ne
répondait encore rien, ils retiraient encore sept autres
lames 7. 6. 5. 4. 3. 2. 1. A. pour C, s'ils n'avaient pas
trouvé de solution, ou de pronostics affirmatifs. Si ces
répétitions ne disaient rien, ils engageaient les Question-
nants à prier les dieux, à changer de conduite et enfin à
revenir le lendemain ou quelques jours après.

Leur troisième opération était *considérable* et à considérer. Après avoir battu et fait couper les 78 lames, ils en
formaient deux colonnes et un chapiteau, qu'ils appuyaient
sur le haut des deux colonnes, et ensuite, sans rabattre les

lames, ils formaient une roue observant dans cette marche de retirer le 1 ou le 8 suivant le sexe qui les consultait.

Lorsqu'il venait, ils plaçaient ce premier ou ce huitième hiéroglyphe, au centre, comme on le voit ainsi que toute la figure.

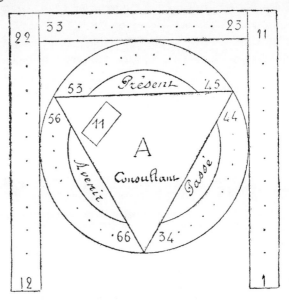

La première carte venue ils la mettaient à l'1, ainsi de suite jusqu'à 11. Ils mettaient la douzième carte au nombre 12 et ainsi les autres jusqu'à 22, etc...

1. 11. 34. 44. était le passé ; 12. 22. 45. 55. était l'avenir, et 23. 33. 56. 66. était le présent.

Si le 1 ou le 8, suivant le sexe qui questionnait, n'avait pas passé, ils le prenaient dans le restant du jeu, et portaient celui qu'il fallait de ces hiéroglyphes, au centre, tels que vous voyez 8. Supposant que ce coup est pour une femme, car 1 serait pour un homme ; tant il est vrai que la distance entre l'homme et la femme est de sept degrés ; c'est ce qui fit commettre à *Mahomet* une erreur, lorsqu'il dit que les femmes sont des *Ouris*, qui n'entreront pas dans le paradis, mais en garderont la porte ;

n'ayant pas compris que ces sept degrés de distinction n'étaient que dans le monde physique.

Les Egyptiens expliquaient toutes les divisions l'une après l'autre, commençant par le Passé, ensuite le Présent et, en dernier, l'Avenir ; ils prenaient donc pour le Passé 8. 34. et 1. et suivant cette marche jusqu'à 8. 44. et 11., ainsi du présent et de l'avenir. On sent la nécessité de lire le *Etteila*, si on veut entendre la manière d'expliquer ce coup, trois Cartes à Cartes, en employant toujours celle du centre.

Quelquefois les sages Egyptiens ouvraient leurs opérations par 12 lames ; mais c'était toujours pour des objets remarquables comme les récoltes, les décisions, les batailles ; ou enfin, pour les Souverains de la Nation ou étrangers, ou pour ceux qui étaient leurs commettants. Mais sortis des trois opérations que je viens de signaler, ils en refaisaient une quatrième, enfin, cinq ou six à leur gré ou dirigées par des nombres. Exemple : En relevant les cartes, s'ils voyaient un nombre bien ou mal placé parmi les autres, ils s'en ressouvenaient et après ce coup, ils tiraient autant de lames que le nombre, bien ou mal placé, etc., le leur avait indiqué.

S'il arrivait qu'un homme n'eût qu'une seule question à faire et qu'elle fût juste (car ils étaient ennemis de tout ce qui était vicieux, ou pouvait porter à le devenir) ils tiraient purement cinq lames *e. d. c. b. a.*, toujours en allant de *a* en *e* ; si cela ne répondait pas, ils tiraient dix autres lames et les rangeaient en cette sorte :

5. 4. 3. 2. 1.
E. D. C. B. A.
10. 9. 8. 7. 6.

et ils les expliquaient en allant de 1 à 5, de A à E et de 6 à 10, et comme j'ai déjà dit, si ces 10 lames ne parlaient pas encore, alors ils remettaient les questionneurs à un autre jour, les engageant à adorer de plus en plus les dieux et aimer leurs semblables ou leur prochain.

Je pourrais faire passer tout le livre de Thot dans les
divisions en 1, 2, 3, 5, 6 et 7 livres par une immensité de
calculs, dont l'alphabet trouvé m'indiquerait la formule et
m'en donnerait toutes les clefs. Mais voici une table qui
mettra dans la route ceux qui voudront interpréter à fond
généralement le Livre de Thot.

Quatre	1	2	3	4	5	6	7			1	4	7	1	2
Cinq	2	3	4	5	6	7	1			2	5	1		8
Six	3	4	5	6	7	1	2			3	6	2	1	1
Sept	4	5	6	7	1	2	3			4	7	3	1	4
Un	5	6	7	1	2	3	4			5	1	4	1	0
Deux	6	7	1	2	3	4	5			6	2	5	1	3
Trois	7	1	2	3	4	5	6			7	3	6	1	6
	4	9				2	8		6					
				77									

On voit au premier aspect que 1, l'unité, se reporte à
10, 2 à 13, 3 à 16, 4 à 12, 5 à 8, 6 à 11, 7 à 14.

L'ordre, l'harmonie, le plus grand accord règne dans
tous ces nombres, tantôt parce qu'ils sont d'accord, et
tantôt parce que l'agent est attentif à son patient, tel que
6 sur 11 : mais en général, il vaut mieux dire pour s'ex-
primer, qu'il y a 7 tons, ou 7 degrés distinctifs dans les
7 chaînes de l'alphabet et des formules. 2, centre de la formule, se rapporte à 13. J'ai dit, d'après les philosophes,
que ce nombre était faible, qu'il était volontiers moindre
que les sept nombres qui le suivent quoique 2 leur donne
l'écoulement, le mouvement et enfin les ordres de l'unité.

C'est le ministre zélé de 1, et le fidèle ami de 3, qui est le
souverain des nombres, non compris l'unité, et enfin, 2 est
le second diviseur du nombre parfait 6, et est de concur-
rence avec 3. 6 donne le signal du péché, comme son contraire en un sens ; car ici le péché est pris comme faiblesse ;
enfin l'intime de 2, il supporte le poids du n° 13, dont 2 a
la charge ou la garde, non que ce poids soit contre la sage
nature mais seulement pénible, car la mort est une perfection, quoiqu'elle soit, comme nous avons dû dire, un
des plus grands signes de faiblesse ; mais c'est la perfection
qui seule tend à la régénération, ainsi que l'avait purement entendu Pythagore.

Sans reste.   (a)

Je me suis beaucoup étendu, et je prévois que l'on me
reprochera de n'être point uniquement attaché à mon sujet : je proteste n'avoir rien dit qui n'en fasse partie et
avant de continuer, il est temps de parler des Sages Egyptiens qui nous ont fourni la matière.

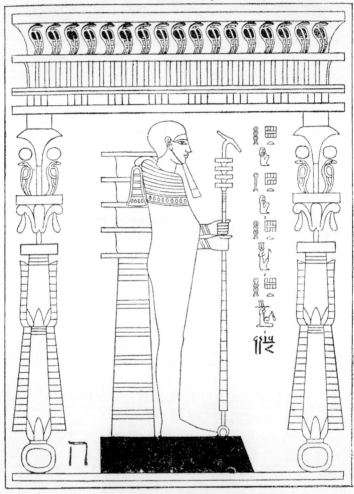

Documents inédits d'Eliphas Lévi sur le Tarot.

Jusqu' yeux pantomorphe . vingt et unième
clé du Tarot Egyptien primitif.

Documents inédits d'Eliphas Lévi sur le Tarot.
(La note manuscrite est de la main d'Eliphas Lévi).

Eliphas Lévi.

Eliphas Lévi est un des écrivains qui ont poursuivi le plus complètement l'étude du Tarot sous tous ses aspects.

Nous possédons beaucoup de manuscrits de cet auteur et nous allons faire profiter nos lecteurs de quelques pièces rares.

Tarot Indien (Doc. d'Eliphas Lévi).

(Tarot Indien).

Tarot Indien.

Tarot Indien.

Tarot Indien.

Travaux de Christian.

Dans son livre *L'Homme Rouge des Tuileries*, puis dans son *Histoire de la Magie*, Christian fait une application curieuse du Tarot à l'Astrologie onomantique.

Chacun des Arcanes majeurs du Tarot fait l'objet d'une étude soignée et qui profitera beaucoup à tous les chercheurs désirant approfondir la philosophie du Tarot.

Aussi nous semble-t-il nécessaire de rappeler des travaux de Christian en donnant son étude des Arcanes majeurs.

Le livre d'Hermès

Signification des 22 Arcanes Majeurs.

ARCANE I

A = 1 exprime dans le *monde Divin* l'Etre absolu, qui contient et d'où émane l'infini des possibles. — Dans le *monde intellectuel*, l'Unité, principe des actes. — Dans le *monde physique*, l'Homme, le plus haut placé des êtres relatifs, appelés à s'élever, par une perpétuelle expression de ses facultés, dans les sphères concentriques de l'Absolu.

L'Arcane 1 est figuré par le Mage, type de l'homme parfait, c'est-à-dire en pleine possession des facultés physiques et morales. Il est représenté debout : c'est l'attitude de la volonté qui va procéder à l'action. Sa robe est blanche, image de la pureté originelle ou reconquise. Un serpent

se mordant la queue lui sert de ceinture : c'est le symbole
de l'éternité. Son front est ceint d'un cercle d'or : l'or signifie lumière ; le cercle exprime la circonférence universelle dans laquelle gravitent les choses créées. La main
droite du Mage tient un sceptre d'or, figure du comman-
dement ; et s'élève vers le ciel, en signe d'aspiration à la
science, à la sagesse, à la force. La main gauche étend
l'index vers la terre pour signifier que la mission de
l'homme parfait est de régner sur le monde matériel. Ce
double geste exprime encore que la volonté humaine doit
refléter ici-bas la volonté divine, pour produire le bien et
empêcher le mal. Devant le Mage, sur une pierre cubique,
sont posés une coupe, un glaive et un sicle, monnaie d'or
au centre de laquelle est gravée une croix. La coupe signifie le mélange des passions qui contribuent au bonheur
ou au malheur, selon que nous sommes leurs maîtres ou
leurs esclaves. Le glaive symbolise le travail, la lutte qui
traverse les obstacles, et les épreuves que nous fait subir
la douleur. Le sicle, signe d'une valeur déterminée, figure
les aspirations réalisées, les œuvres accomplies, la somme
de puissance conquise par la persévérance et l'efficacité de
la volonté. La croix, sceau de l'infini, dont le sicle est mar-
qué, énonce la future ascension de cette puissance dans
les sphères de l'avenir.

Souviens-toi, fils de la Terre, que l'homme doit, comme
Dieu, agir sans cesse. Ne rien vouloir, ne rien faire, n'est
pas moins funeste que vouloir et faire le mal. Si le *Mage*
apparaît parmi les signes fatidiques de ton *Horoscope*, il
annonce qu'une ferme volonté et la foi en toi-même, guidée
par la raison et l'amour de la justice, te conduiront au but
que tu veux atteindre, et te préserveront des périls des
chemins.

Arcane II

B = 2 exprime, dans le *Monde divin*, la conscience de
l'Être absolu qui embrasse les trois termes de toute mani-

festation : le passé, le présent, le futur. — Dans le *Monde
intellectuel*, le Binaire, reflet de l'Unité ; la Science, percep-
tion des choses visibles et invisibles. — Dans le *Monde
physique*, la Femme, moule de l'Homme, et s'unifiant avec
lui pour accomplir une égale destinée.

L'Arcane II est figuré par une femme assise au seuil du
temple d'Isis, entre deux colonnes. La colonne qui se dresse
à sa droite est rouge ; cette couleur signifie l'esprit pur et
sa lumineuse ascension au-dessus de la matière. La colonne
de gauche est noire, et figure la nuit du cahot, la captivité
de l'esprit impur dans les liens de la matière. La femme
est couronnée d'une tiare surmontée du croissant lunaire,
et enveloppée d'un voile dont les plis retombent sur la
face. Elle porte sur sa poitrine la croix solaire, et sur ses
genoux un livre ouvert qu'elle couvre à demi de son manteau. Cet ensemble symbolique personnifie la Science
occulte qui attend l'initié au seuil du sanctuaire d'Isis,
pour lui communiquer les secrets de la Nature universelle.
La croix solaire (Analogique au *Lingam* indien (1), signifie la fécondation de la matière par l'esprit ; elle exprime
aussi, comme sceau de l'infini, que la Science procède de
Dieu et qu'elle est sans bornes comme la source. Le voile
enveloppant la tiare et retombant sur la face énonce que
la vérité se dérobe aux regards d'une profane curiosité. Le
livre à demi caché sous le manteau signifie que les mystères ne se révèlent que dans la solitude, au sage qui se
recueille en silence dans la pleine et calme possession de
lui-même.

Souviens-toi, fils de la Terre, que l'esprit s'éclaire en
cherchant Dieu avec les yeux de la volonté. Dieu a dit :
« Que la lumière soit ! » et la lumière a inondé l'espace.

---

(1) Le *Lingam* était le signe figuratif de l'union de deux sexes.
L'antiquité sacrée n'attachait aucune pensée honteuse à la contemplation des organes reproducteurs ; les monuments de Mithra,
chez les Perses, en sont la preuve. La corruption des mœurs fit
reléguer plus tard ces symboles dans les sanctuaires secrets de
l'initiation, mais les mœurs n'en devinrent pas meilleures.

L'homme doit dire : « Que la Vérité se manifeste et que le Bien m'arrive ! » Et si l'homme possède une saine volonté, il verra luire la Vérité, et guidé par elle, il atteindra tout bien auquel il aspire. Si l'arcane II apparaît sur ton Horoscope, frappe résolument à la porte de l'avenir, et il te sera ouvert ; mais étudie longtemps la voie où tu vas entrer. Tourne ta face vers le Soleil de Justice, et la science du vrai te sera donnée. Garde le silence sur tes desseins, afin de ne point les livrer à la contradiction des hommes.

Arcane III

G = 3 exprime, dans le *Monde divin*, la Puissance suprême, équilibrée par l'Intelligence éternellement active et par la Sagesse absolue. — Dans le *Monde intellectuel*, la fécondité universelle de l'Être. — Dans le *Monde physique*, la Nature en travail, la germination des actes qui doivent éclore de la Volonté.

L'arcane III est figuré par l'image d'une femme assise au centre d'un soleil rayonnant ; elle est couronnée de douze étoiles, et ses pieds reposent sur la lune. C'est la personnification de la fécondité universelle. Le soleil est l'emblème de la puissance créatrice ; la couronne étoilée symbolise, par le nombre 12, celui des Maisons ou stations que cet astre parcourt, d'année en année, autour de la zone zodiacale. Cette femme, l'Isis céleste ou la Nature, porte un sceptre surmonté d'un globe : c'est le signe de sa perpétuelle action sur les choses nées ou à naître. De l'autre main, elle porte un aigle, symbole des hauteurs sur lesquelles peut s'élever l'essor de l'esprit. — La lune placée sous ses pieds figure l'infinité de la Matière, et sa domination par l'Esprit.

Souviens-toi, fils de la Terre, qu'affirmer ce qui est vrai est vouloir ce qui est juste, c'est déjà le créer ; affirmer et vouloir le contraire, c'est se vouer soi-même à la destruc-

tion. Si l'arcane III se manifeste parmi les signes fatidiques de ton Horoscope, espère le succès de tes entreprises, pourvu que tu saches unir l'activité qui féconde à
la rectitude d'esprit qui fait fructifier les œuvres.

ARCANE IV

D = 4 exprime, dans le *Monde divin*, la réalisation perpétuelle et hiérarchique des virtualités contenues dans
l'Être absolu. Dans le *Monde intellectuel*, la réalisation
des idées de l'Être contingent par le quadruple travail de
l'esprit : Affirmation, Négation, Discussion, Solution. —
Dans le *Monde physique*, la réalisation des actes dirigés
par la Science de la Vérité, l'amour de la Justice, la force
de Volonté et le travail des Organes.

L'arcane IV est figuré par un homme coiffé d'un casque
surmonté d'une couronne. Il est assis sur une pierre cubique. Sa main droite élève un sceptre, et sa jambe droite
fléchie s'appuie sur l'autre en forme de croix, la pierre
cubique, figure du solide parfait, signifie l'œuvre humaine
accomplie. Le casque couronné est l'emblème de la force
qui a conquis le pouvoir. Ce dominateur est en possession
du sceptre d'Isis, et la pierre qui lui sert de trône signifie
la matière domptée. La Croix tracée par la position de ses
jambes symbolise les quatre éléments, et l'expansion de la
puissance humaine en tous sens.

Souviens-toi, fils de la Terre, que rien ne résiste à une
volonté ferme, qui a pour levier la science du vrai et du
juste. Combattre pour en assurer la réalisation, c'est plus
qu'un droit, c'est un devoir. L'homme qui triomphe dans
cette lutte ne fait qu'accomplir sa mission terrestre ; celui
qui succombe en se dévouant s'acquiert l'immortalité. Si
l'arcane IX apparaît sur ton Horoscope, il signifie que la
réalisation de tes espérances dépend d'un être plus puissant que toi : Cherche à le connaître, et tu auras son appui.

ARCANE V

E = 5 exprime, dans le *Monde divin*, la loi universelle, régulatrice des manifestations infinies de l'Être dans l'unité de la substance. — Dans le *Monde intellectuel*, la Religion, rapport de l'Être absolu à l'Être relatif, de l'Infini au Fini. — Dans le *Monde physique*, l'inspiration communiquée par les vibrations du fluide astral ; l'épreuve de l'homme par la liberté d'action dans le cercle infranchissable de la loi universelle.

L'arcane V est figuré par l'Hiérophante (Maître des Mystères sacrés). Ce prince de la doctrine occulte est assis entre les deux colonnes du Sanctuaire. Il s'appuie sur une croix à trois traverses, et trace avec l'index de la main droite, sur la poitrine, le signe du silence. A ses pieds sont prosternés deux hommes, l'un vêtu de rouge, l'autre vêtu de noir. L'Hiérophante, suprême organe de la science sacrée, représente le Génie des bonnes inspirations de l'esprit et de la conscience ; son geste invite au recueillement, pour entendre la voix du ciel dans le silence des passions et des instincts de la chair. La colonne de droite symbolise la loi divine ; celle de gauche signifie la liberté d'obéir ou de désobéir. La croix à trois traverses est l'emblème de Dieu pénétrant les trois mondes, pour y faire éclore toutes les manifestations de la vie universelle. Les deux hommes prosternés, l'un rouge, l'autre noir, figurent le Génie de la Lumière, et celui des Ténèbres, qui obéissent tous deux au Maître des Arcanes.

Souviens-toi, fils de la Terre, qu'avant de dire d'un homme qu'il est heureux ou malheureux, il faut savoir quel usage il a fait de sa volonté, car tout homme crée sa vie à l'image de ses œuvres. Le Génie du Bien est à ta droite, et celui du Mal à ta gauche ; leur voix n'est entendue que de ta conscience : recueille-toi, et elle te répondra.

ARCANE VI

U V = 6 exprime, dans le *Monde Divin*, la Science du Bien et du Mal. — Dans le *Monde intellectuel*, l'équilibre de la Nécessité et de la Liberté. — Dans le *Monde physique*, l'antagonisme des forces naturelles, l'enchaînement des effets aux causes.

L'arcane VI est figuré par un homme debout, immobile, placé à l'angle formé par la jonction de deux routes. Ses regards sont fixés à terre, ses bras se croisent sur la poitrine. Deux femmes, l'une à sa droite, l'autre à sa gauche, lui posent une main sur l'épaule, en lui montrant une des deux routes. La femme placée à droite a le front ceint d'un cercle d'or : elle personnifie la Vertu. Celle de gauche est couronnée de pourpre, et représente le vice tentateur. Au-dessus, et en arrière de ce groupe, le Génie de la Justice, planant dans une auréole fulgurante, tend son arc et dirige vers le Vice la flèche du châtiment. L'ensemble de cette scène exprime la lutte entre les passions et la conscience.

Souviens-toi, fils de la Terre, que, pour le commun des hommes, l'attrait du vice a plus de prestige que l'austère beauté de la vertu. Si l'arcane VI apparaît sur ton Horoscope, prends garde à tes résolutions. Les obstacles barrent devant toi la route du bonheur que tu poursuis ; les chances contraires planent sur toi, et ta volonté chancelle contre des partis opposés. L'indécision est, en toutes choses, plus funeste qu'un mauvais choix. Avance ou recule, mais n'hésite point, et sache qu'une chaîne de fleurs est plus difficile à rompre qu'une chaîne de fer.

ARCANE VII

Z = 7 exprime, dans le *Monde divin*, le Septénaire, la domination de l'Esprit sur la Nature. — Dans le *Monde in-*

tellectuel, le Sacerdoce et l'Empire. — Dans le *Monde physique*, la soumission des éléments et des forces de la Matière à l'Intelligence et au travail de l'Homme.

L'arcane VII est figuré par un char de guerre, de forme carrée, surmonté d'un baldaquin étoilé que soutiennent quatre colonnes. Sur ce char s'avance un triomphateur cuirassé, portant sceptre et glaive de ses mains. Il est couronné d'un cercle d'or que fleuronnent trois pentagrammes ou étoiles d'or à cinq pointes. Le char carré symbolise l'œuvre accomplie par la Volonté qui a vaincu les obstacles. Les quatre colonnes du dais étoilé figurent les quatre éléments soumis au maître du sceptre et du glaive. Sur la face carrée que présente l'avant du char est tracée une sphère soutenue par deux ailes déployées, signe de l'exaltation illimitée de la puissance humaine dans l'infini de l'espace et du temps. La couronne d'or au front du triomphateur signifie la possession de la lumière intellectuelle qui éclaire tous les arcanes de la Fortune. Les trois étoiles qui la fleuronnent symbolisent la Puissance équilibrée par l'Intelligence et la Sagesse. Trois équerres sont tracées sur la cuirasse ; elles signifient la rectitude du Jugement, de Volonté et d'Action que donne la force dont la cuirasse est l'emblème. L'épée haute est le signe de la victoire. Le sceptre surmonté d'un triangle, symbole de l'Esprit, d'un carré, symbole de la Matière, et d'un cercle, symbole de l'Eternité, signifie la perpétuelle domination de l'Intelligence sur les forces de la Nature. Deux sphinx, l'un blanc l'autre noir, sont attelés au char. Le blanc symbolise le Bien, le noir symbolise le Mal, l'un conquis, l'autre vaincu et devenus tous deux serviteurs du Mage, qui a triomphé des épreuves.

Souviens-toi, fils de la Terre, que l'empire du monde appartient à ceux qui possèdent la souveraineté de l'Esprit, c'est-à-dire la lumière qui éclaire les mystères de la vie. En brisant les obstacles, tu écraseras tes ennemis, et tous tes vœux seront réalisés, si tu abordes l'avenir avec une audace armée de la conscience de ton droit.

Arcane VIII

H $=$ 8 exprime, dans le *Monde divin*, la Justice absolue. — Dans le *Monde intellectuel*, l'attrait et la Répul-
sion. — Dans le *Monde physique*, la Justice relative, fail-
lible et bornée, qui émane des hommes.

L'arcane VIII est figuré par une femme assise sur son
trône, le front ceint d'une couronne armée de fers de
lance ; elle tient de la main droite un glaive, la pointe en
haut, et de la gauche une balance. C'est l'antique symbole
de la Justice qui pèse les actes et qui oppose au mal pour
contre-poids le Glaive de l'expiation. La justice, émanée
de Dieu, est la réaction équilibrante qui reconstitue l'ordre,
c'est-à-dire l'équilibre entre le droit et le devoir. Le glaive
est ici un signe de protection pour les bons et de menace
pour les méchants. Les yeux de la Justice sont couverts
d'un bandeau, pour marquer qu'elle pèse et qu'elle frappe,
sans tenir compte des différences conventionnelles que les
hommes établissent entre eux.

Souviens-toi, fils de la Terre, que remporter la victoire
et dominer les obstacles franchis, ce n'est qu'une part de
la tâche humaine. Pour l'accomplir, il faut établir l'équilibre entre les forces que l'on met en jeu. Toute action
produisant une réaction, la Volonté doit prévoir le choc
des forces contraire, pour le tempérer et l'annuler ! Tout
avenir se balance entre le Bien et le Mal. Toute intelligence
qui ne sait point s'équilibrer ressemble à un soleil avorté.

Arcane IX

T. H $=$ 9 exprime, dans le *Monde divin*, la Sagesse
absolue. — Dans le *Monde intellectuel*, la Prudence, di-
rectrice de la Volonté. — Dans le *Monde physique*, la Circonspection, guide des actes.

L'arcane IX est figuré par un vieillard marchant appuyé
sur un bâton et portant devant lui une lampe allumée,
qu'il cache à demi sous son manteau. Ce vieillard personnifie l'expérience acquise dans le travail de la vie. La
lampe allumée signifie la lumière de l'intelligence qui doit
s'étendre sur le passé, le présent, l'avenir. Le manteau
qui la cache à demi signifie discrétion. Le bâton symbolise
le soutien que prête la prudence à l'homme qui ne livre
point sa pensée.

Souviens-toi, fils de la Terre, que la Prudence est l'ar-
mure du Sage. La Circonspection lui fait éviter les écueils
ou les abîmes, et pressentir la trahison. Prends-la pour
guide dans tous tes actes, même dans les plus petites
choses. Rien n'est indifférent ici-bas ; un caillou peut faire
marcher le char d'un maître du monde. Souviens-toi que
si la Parole est d'argent, le Silence est d'or.

Arcane X

I. J. Y = 10 exprime dans le *Monde divin* le principe
actif qui vivifie les êtres. — Dans le *Monde intellectuel*,
l'Autorité gouvernante. — Dans le *Monde physique*, la
bonne ou la mauvaise fortune.

L'arcane X est figuré par une roue sur son axe, entre
deux colonnes. A droite, *Hermunihus*, Génie du Bien,
s'efforce de monter au sommet de la circonférence. A
gauche, *Typhon*, Génie du Mal, en est précipité. Le Sphinx,
en équilibre sur cette roue, tient un glaive dans ses griffes
de lion. Il personnifie le Destin toujours prêt à frapper à
droite ou à gauche, et qui, selon que la roue tourne sous
son impulsion, laisse monter les plus humbles et ren-
verse les plus altiers.

Souviens-toi, fils de la Terre, que pour pouvoir, il faut
vouloir ; que pour vouloir efficacement, il faut oser ; et que
pour oser avec succès, il faut savoir se taire jusqu'au

moment d'agir. Pour acquérir le droit de posséder la
Science et le Pouvoir, il faut vouloir patiemment, avec
une infatigable persévérance. Et, pour se maintenir sur les
hauteurs de la vie, si tu parviens à les atteindre, il faut
avoir appris à sonder d'un regard sans vertige les plus
vastes profondeurs.

ARCANE XI

C. K = 20 exprime, dans le *Monde divin*, le principe de
toute force, spirituelle et matérielle. — Dans le *Monde
intellectuel*, la Force morale. — Dans le *Monde physique*,
la Force organique.

L'arcane XI est figuré par l'image d'une jeune fille qui
ferme avec la main, sans efforts, la gueule d'un lion. C'est
l'emblème de la force que communiquent la foi en soi-
même, et l'innocence de la vie.

Souviens-toi, fils de la Terre, que, pour pouvoir, il faut
croire que l'on peut. Avance avec foi : l'obstacle est un
fantôme. Pour devenir fort, il faut imposer silence aux
faiblesses du cœur ; il faut étudier le devoir, qui est la
règle du droit, et pratiquer la justice comme si on l'aimait.

ARCANE XII

L = 30 exprime, dans le *Monde Divin*, la Loi révélée.
— Dans le *Monde intellectuel*, l'enseignement du Devoir.
— Dans le *Monde physique*, le Sacrifice.

L'arcane XII est figuré par un homme pendu par un
pied à une potence qui repose sur deux arbres ayant
chacun six branches coupées. Les mains de cet homme
sont liées derrière le sol, et le pli de ses bras forme la base
d'un triangle renversé dont sa tête est le sommet. C'est le

signe de la mort violente, subie par un funeste accident, ou pour l'expiation d'un crime, ou acceptée par un héroïque dévouement à la Vérité et à la Justice. Les douze branches coupées figurent l'extinction de la vie, la destruction des douze maisons de l'Horoscope. Le triangle à sommet renversé symbolise une catastrophe.

Souviens-toi, fils de la Terre, que le dévouement est une loi divine dont nul n'est dispensé ; mais n'attends guère qu'ingratitude de la part des hommes. Tiens donc ton âme toujours prête à rendre ses comptes à l'Eternel, car si l'arcarne XII apparaît sur ton Horoscope, la mort violente dressera ses pièges sur ton chemin. Mais si le monde attente à ta vie terrestre, n'expire point sans accepter avec résignation cet arrêt de Dieu, et sans pardonner à tes plus cruels ennemis ; car quiconque ne pardonne point ici-bas sera condamné, au delà de cette vie, à une solitude éternelle.

Arcane XIII

$M = 40$ exprime, dans le *Monde Divin*, le mouvement perpétuel de création, destruction et de renouvellement. — Dans le *Monde Intellectuel* l'ascension de l'Esprit dans les sphères divines. — Dans le *Monde physique* la mort naturelle, c'est-à-dire la transformation de la nature humaine parvenue au terme de sa dernière période organique.

L'arcane XIII est figuré par un squelette fauchant des têtes dans un pré, d'où sortent, de tous côtés, des mains et des pieds d'homme, à mesure que la faux poursuit son œuvre. C'est l'emblème de la destruction et de la renaissance perpétuelle de toutes les formes de l'Etre dans le domaine du Temps.

Souviens-toi, fils de la Terre, que les choses terrestres durent peu de temps, et que les plus hautes puissances

sont fauchées comme l'herbe des champs. La dissolution
de tes organes visibles arrivera plus tôt que tu ne l'attends;
mais ne la redoute point, car la mort n'est que la parturi-
tion d'une autre vie. L'univers réabsorbe sans cesse tout
ce qui, sorti de son sein, ne s'est point spiritualisé. Mais
l'affranchissement des instincts matériels par une libre et
volontaire adhésion de notre âme aux lois du mouvement
universel, constitue en nous la création d'un second
homme, de l'homme céleste, et commence notre immortalité.

Arcane XIV

N = 50 exprime, dans le *Monde Divin*, le mouvement
perpétuel de la Vie. — Dans le *Monde intellectuel*, la
combinaison des idées qui créent la vie morale. — Dans
le *Monde physique*, la combinaison des forces de la Nature.

L'arcane XIV est figuré par le Génie du Soleil tenant
deux urnes, et versant de l'une dans l'autre la sève con-
ductrice de la vie. C'est le symbole des combinaisons qui
s'opèrent sans cesse dans tous les règnes de la Nature.

Fils de la Terre, consulte tes forces, non pour reculer
devant tes œuvres, mais pour user les obstacles, comme
l'eau tombant goutte à goutte use la pierre la plus dure.

Arcane XV

X = 60 exprime, dans le *Monde divin*, la Prédestina-
tion. — Dans le *Monde intellectuel*, le Mystère. — Dans
le *Monde physique*, l'Imprévu, la Fatalité.

L'arcane XV est figuré par Typhon, génie des catas-
trophes, s'élevant d'un gouffre embrasé et secouant des
torches au-dessus de deux hommes enchaînés à ses pieds.

C'est l'image de la Fatalité qui éclate dans certaines vies comme l'éruption d'un volcan, et qui enveloppe les grands comme les petits, les forts comme les faibles, les plus habiles comme les moins fourvoyants, dans l'égalité du désastre.

Qui que tu sois, fils de la Terre, contemple les vieux chênes qui défiaient la foudre, et que la foudre a brisés après les avoir respectés cependant plus d'un siècle. Cesse de croire à ta sagesse et à ta force, si Dieu ne t'a point permis de saisir la clef des arcanes qui enchaînent la Fatalité.

Arcane XVI

$O = 70$ exprime dans le *Monde divin*, le châtiment de l'orgueil. — Dans le *Monde intellectuel*, la défaillance de l'Esprit qui tente de pénétrer le mystère de Dieu. — Dans le *Monde physique*, les écoulements de fortune.

L'arcane XVI est figuré par une tour que décapite la foudre. Un homme couronné et un homme sans couronne sont précipités de sa hauteur avec les débris des créneaux. C'est le symbole du conflit des forces matérielles qui peuvent broyer les grands comme les petits, les rois comme les sujets. C'est encore l'emblème des rivalités qui n'aboutissent, de part et d'autre, qu'à une ruine commune ; des projets stérilisés, des espérances qui s'étiolent, des entreprises qui avortent, des ambitions foudroyées, des morts par catastrophe.

Souviens-toi, fils de la Terre, que toute épreuve de l'infortune acceptée avec résignation à la suprême Volonté du Tout-Puissant, est un progrès accompli dont tu seras éternellement récompensé. Souffrir, c'est travailler à se dégager de la Matière, c'est se revêtir d'immortalité.

Arcane XVII

F. P = 80 exprime, dans le *Monde divin*, l'Immortalité.
— Dans le *Monde intellectuel*, la Lumière intérieure qui éclaire l'Esprit. — Dans le *Monde physique,* l'Espérance.

L'arcane XVII est figuré par une étoile flamboyante, à huit rayons, qu'entourent sept autres étoiles planant sur une jeune fille nue qui épanche sur la terre aride les fluides de la Vie universelle, contenus dans deux coupes, l'une d'or, l'autre d'argent. Près d'elle un papillon se pose sur une rose. Cette jeune fille est l'emblème de l'Espérance, qui répand sa rosée sur nos jours les plus tristes. Elle est nue, pour signifier que l'espérance nous reste quand nous sommes dépouillés de tout. Au-dessus de cette figure, l'étoile flamboyante à huit rayons symbolise l'apocalypse des Destins, fermée de sept sceaux qui sont les sept planètes, représentées par les sept autres étoiles. Le papillon est le signe de la résurrection au delà du tombeau.

Souviens-toi, fils de la Terre, que l'Espérance est sœur de la Foi. Dépouille-toi de tes passions et de tes erreurs, pour étudier les mystères de la véritable Science et leur clef te sera donnée. Alors un rayon de la divine Lumière jaillira du Sanctuaire occulte pour dissiper les ténèbres de ton avenir, et te montrer la voie du bonheur. Quoi qu'il advienne en ta vie, ne brise donc jamais les fleurs de l'Espérance et tu cueilleras les fruits de la Foi.

Arcane XVIII

T. S = 90 exprime dans le *Monde divin*, les abîmes de l'Infini. — Dans le *Monde intellectuel*, les ténèbres qui enveloppent l'Esprit quand il se soumet à l'empire des instincts. — Dans le *Monde physique*, les déceptions et les ennemis cachés.

L'arcane XVIII est figuré par un champ que la lune à demi-voilée éclaire d'un pâle crépuscule. Une tour se dresse sur chaque bord d'un sentier qui va se perdre à l'horizon désert. Devant une de ces tours est un chien accroupi et devant l'autre un chien aboyant à la lune. Entre ces deux animaux rampe une écrevisse. Ces tours symbolisent la fausse sécurité qui ne pressent point les périls cachés, plus redoutables que les périls aperçus. Souviens-toi, fils de la Terre, que quiconque brave l'inconnu touche à sa perte. Les esprits hostiles, figurés par le loup, l'entourent de leurs embûches : les esprits serviles, figurés par le chien, lui cachent leurs trahisons sous de basses flatteries et les esprits paresseux, figurés par l'écrevisse rampant, passeront sans s'émouvoir à côté de sa ruine. Observe, écoute et sache te taire.

Arcane XIX

$Q = 100$ exprime, dans le *Monde Divin*, le Ciel suprême. — Dans le *Monde intellectuel*, la Vérité sacrée. — Dans le *Monde physique*, le Bonheur paisible.

L'Arcane XIV est figuré par un soleil radieux, éclairant deux petits enfants, image de l'innocence, qui se tiennent par la main au milieu d'un cercle émaillé de fleurs. C'est le symbole du bonheur que promettent la simplicité de la vie et la modération des désirs.

Souviens-toi, fils de la Terre, que la lumière des Mystères est un fluide redoutable, mis par la Nature au service de la Volonté. Elle éclaire ceux qui savent la diriger ; elle foudroie ceux qui ignorent son pouvoir ou qui en abusent.

Arcane XX

R = 200 figure le passage de la vie terrestre à la vie future. Un Génie sonne du clairon au-dessus d'un tombeau qui s'entr'ouve. Un homme, une femme, un enfant, symbole de la trinité humaine, se lèvent de leur couche funèbre. C'est le signe du changement qui est la fin de toute chose, du Bien comme du Mal.

Souviens-toi, fils de la Terre, que toute fortune est mobile, même celle qui paraît la plus stable. L'ascension de l'âme est le fruit qu'elle doit tirer de ses épreuves successives. Espère dans la souffrance, mais défie-toi dans la prospérité. Ne t'endors ni dans la paresse ni dans l'oubli. Au moment que tu ignores, la roue de la Fortune va tourner et tu seras élevé ou précipité par le Sphinx.

Arcane O

S = 300 figure le sentiment qui suit toute faute. Tu vois ici un aveugle chargé d'une besace pleine, et qui va se heurter contre un obélisque brisé, sur lequel se pose en arrêt un crocodile à gueule béante. Cet aveugle est le symbole de l'homme qui s'est fait l'esclave de la Matière. Sa besace est remplie de ses erreurs et de ses fautes. L'obélisque brisé figure la ruine de ses œuvres ; le crocodile est l'emblème d'une implacable fatalité et de l'inévitable Expiation.

Arcane XXI

Cet Arcane suprême du Magisme est figuré par une couronne de roses d'or, entourant une étoile et placée dans un cercle autour duquel se rangent, à égale distance,

une tête d'homme, une tête de taureau, une tête de lion
et une tête d'aigle. C'est le signe dont se décore le Mage
parvenu au plus haut degré de l'initiation, et mis par elle
en possession d'un pouvoir dont les degrés ascensionnels
n'ont d'autres limites que celles de son intelligence et de
sa sagesse. Souviens-toi, fille de la Terre, que l'empire du
Monde appartient à l'empire de la Lumière, et que l'empire de la Lumière est le trône que Dieu réserve à la Volonté sanctifiée. Le Bonheur est, pour le Mage, le fruit de
la Science du Bien et du Mal ; mais Dieu ne permet de
cueillir ce fruit impérissable qu'à l'homme assez maître
de lui-même pour s'en approcher sans le convoiter.

Résumons maintenant ces 22 Arcanes par 22 titres qui
en expriment les symboles :

Le premier se nomme le *Mage* et symbolise la *Volonté*.

Le deuxième se nomme la *Porte du sanctuaire occulte*,
et symbolise la *Science* qui doit guider la volonté.

Le troisième se nomme *Isis-Urani*, et symbolise l'*Action* qui doit manifester la volonté unie à la science.

Le quatrième se nomme la *Pierre cubique*, et symbolise
la *Réalisation* des actes humains, l'œuvre accompli.

Le cinquième se nomme le *Maître des Arcanes*, et
symbolise l'*Inspiration* que l'homme reçoit des puissances
occultes.

Le sixième se nomme les *Deux Routes*, et symbolise
l'*Epreuve* à laquelle est soumise toute volonté en présence du Bien et du Mal.

Le septième se nomme le *Char d'Osiris*, et symbolise
la *Victoire,* c'est-à-dire le char du Bien, qui est le fruit
de la vérité et de la justice.

Le huitième se nomme *Thémis*, et symbolise l'*Equilibre*, par analogie avec la balance qui est l'attribut de la
Justice.

Le neuvième se nomme la *Lampe voilée*, et symbolise
la Prudence qui maintient l'équilibre.

Le dixième se nomme le *Sphinx*, et symbolise la *For-*

tune, heureuse ou malheureuse, qui accompagne toute vie.

Le onzième se nomme le *Lion dompté*, et symbolise la *Force*, que tout homme est appelé à conquérir par le développement de ses facultés intellectuelles et morales.

Le douzième se nomme le *Sacrifice*, et symbolise la mort violente.

Le treizième se nomme la *Faulx*, et symbolise la *Transformation* de l'homme, c'est-à-dire son passage à la vie future par la mort naturelle.

Le quatorzième se nomme le *Génie solaire*, et symbolise l'*Initiative* de l'homme par la volonté, par la science, par l'action combinées.

Le quinzième se nomme *Typhon*, et symbolise la *Fatalité* qui nous frappe de coups imprévus.

Le seizième se nomme la *Tour foudroyée*, et symbolise la *Ruine* sous tous les aspects que présente cette idée.

Le dix-septième se nomme l'*Étoile des Mages*, et symbolise l'*Espérance* qui mène au salut par la foi.

Le dix-huitième se nomme le *Crépuscule*, et symbolise les *Déceptions*, qui nous enseignent notre faiblesse.

Le dix-neuvième se nomme la Lumière resplendissante, et symbolise le *Bonheur* terrestre.

Le vingtième se nomme le *Réveil des morts* et symbolyse le *Renouvellement* qui échange le Bien en Mal, ou le Mal en Bien dans la série des épreuves imposées à toute carrière.

Le vingt et unième se nomme le *Crocodile*, et symbolise l'*Expiation* des erreurs ou des fautes volontaires.

Le vingt-deuxième se nomme la *Couronne des Mages*, et symbolise la *Récompense* décernée à tout homme qui a rempli la mission sur la terre en y reflétant quelques traits de l'image de Dieu.

En reliant l'une à l'autre et successivement les 22 signifiances qui émanent de ces symboles, leur ensemble résume en ces termes la synthèse du Magisme :

La *Volonté* humaine (I), éclairée par la *Science* (II) et

manifestée par l'*Action* (III), crée la *Réalisation* (IV) d'un pouvoir dont on use ou on abuse, selon sa bonne ou mauvaise *Inspiration* (V) dans le cercle que lui tracent les lois de l'ordre universel.

Après avoir surmonté l'*Epreuve* (VI) qui lui est imposée par la Sagesse divine, elle entre par sa *Victoire* (VII) en possession de l'œuvre qu'elle a créée, et constituant son *Equilibre* (VIII) sur l'axe de la *Prudence* (IX), elle domine les oscillations de la *Fortune* (X). — *La Force* (XI) de l'homme, sanctifié par le *Sacrifice* (XII), qui est l'offrande volontaire de soi-même sur l'autel du dévouement ou de l'expiation, triomphe de la Mort ; et sa divine *Transformation* (XIII), l'élevant, outre-tombe, dans les régions sereines d'un progrès infini, oppose à la réalité d'une immortelle *Initiative* (XIV), à l'éternel mensonge de la *Fatalité* (XV). — Le cours du Temps se mesure par des ruines, mais au delà de chaque *Ruine* (XVI) on voit reparaître l'aurore de l'*Espérance* (XVII) ou le crépuscule des *Déceptions* (XVIII). L'homme aspire sans cesse à ce qui lui échappe, et le soleil du *Bonheur* (XIX) ne se lève pour lui que derrière la tombe après le *Renouvellement* (XX) de son être par la mort qui lui ouvre une sphère plus haute de volonté, d'intelligence et d'action. — Toute volonté qui se laisse gouverner par les instincts du corps est une abdication de la liberté et se voue à l'*Expiation* (O) de son erreur ou de sa faute. — Toute volonté, au contraire, qui s'unit à Dieu pour manifester la Vérité et opérer la Justice, entre, dès cette vie, en participation de la puissance divine sur les êtres et les choses, *Récompense* (XXI) eternelle des Esprits affranchis.

Recherches personnelles.

Nos recherches personnelles sur le Tarot ont été publiées dans le volume *Le Tarot des Bohémiens* qui sera réédité sous peu.

En attendant cette réédition transformée, nous allons donner la figure générale de construction du Tarot telle que nous l'avons établie après de nouvelles recherches.

Dans cette figure on voit que le centre est occupé par l'Arcane 22 qui résume toute la construction.

Les Arcanes majeurs sont au centre et les Arcanes mineurs à la périphérie.

Les nombres correspondant à chaque arcane mineur des figures sont placés au-dessous de ladite figure.

Ainsi les nombres 1-4-7 correspondent au Roi, les nombres 2-5-8 à la Dame, les nombres 3-6-9 au Cavalier et le nombre 10 au Valet.

Enfin les Bâtons commencent par les Rois, les Coupes par les Dames et ainsi de suite.

Les Arcanes majeurs sont disposés de telle sorte que l'Arcane placé **au-dessus** reproduit par addition théosophique le nombre de l'Arcane placé au-dessous.

Ainsi l'Arcane 12 donne par addition Un plus Deux ou Trois qui est le nombre de l'arcane placé en dessous.

On trouvera tous les détails dans notre étude sur le *Tarot des Bohémiens* devant paraître sous peu.

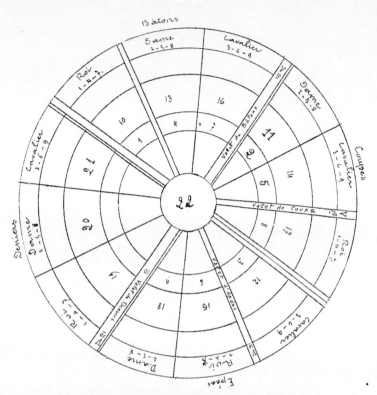

Clef générale du Tarot d'après les recherches de Papus.
Correspondance et situation de tous les Arcanes.

1

FRANCAIS

HÉBREUX

SANSCRIT

EGYPTIEN

—

ARCHÉOMÈTRE
SAINT-YVES

LE BATELEUR

LETTRE MÈRE

CENTRE DU CIEL

VISIBLE ET

INVISIBLE

PRINCIPE-ESSENCE DIVINE
LA TERRE
L'HOMME. LE PÈRE

2 ⹀

B
FRANCAIS

HÉBREV

SANSCRIT

EGYPTIEN

ARCHÉOMÈTRE
SAINT-YVES

LETTRE DOVBLE

LA LVNE

LA PAPESSE

LA SVBSTANCE DIVINE
L'AIR
LA FEMME . LA MÈRE

G
FRANCAIS

ℶ
HÉBREV

ᴦ
SANSCRIT

L'IMPERATRICE

ᴊ
EGYPTIEN

ᴊ
ARCHEOMÈTRE
SAINT - YVES

LETTRE DOVBLE

VÉNVS

LA NATVRE DIVINE
L'EAV · LE MERCVRE DES SAGES
LA GÉNÉRATION

+4 □

D
FRANÇAIS

ㄱ
HÉBREU

ㅈ
SANSCRIT

☜
EGYPTIEN

2
ARCHÉOMÈTRE
SAINT-YVES

♃
JUPITER

L'EMPEREUR

LA FORME
LE FEU "LA CROIX PHILOSOPHIQUE„
L'AUTORITÉ
LA PROTECTION

5 ✶

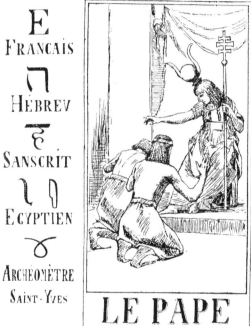

LE PAPE

♈
LE BÉLIER
20 MARS

LE MAGNÉTISME UNIVERSEL (Science du Bien & du Mal)
LA QUINTE-ESSENCE
LA RELIGION

6 ✡

V

Francais

ן

Hebreu

ढ

Sanscrit

ल

Egyptien

ע

Archéomètre
Saint-Yves

Le Taureau
20 Avril

L'AMOVREVX

La Création
Le Dieu Vniversel (Médium des Forces)
La Liberté.

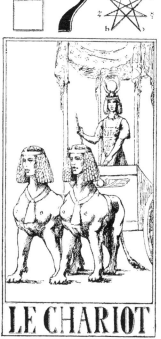

LE CHARIOT

FRANCAIS

HÉBREU

SANSCRIT

EGYPTIEN

ARCHÉOMÈTRE
SAINT - YVES

LES GÉMEAUX
20 MAI

ESPRIT & FORME
LA VICTOIRE & TRIOMPHE
PROPRIETÉ

FRANCAIS H

HÉBREU ⊓

SANSCRIT ℏ

EGYPTIEN HI·ᴖᴖ

ARCHÉOMÈTRE ℙ
DE SAINT-YVES

LE CANCER
20 JUIN

LA JUSTICE

EQUILIBRE UNIVERSEL
RÉPARTITION
JUSTICE

FRANCAIS

T

HÉBREU

ט

SANSCRIT

EGYPTIEN

ARCHÉOMÈTRE
SAINT-YVES

L'HERMITE

LE LION

20 JUILLET

LES GÉNIES PROTECTEURS
L'INITIATION
LA PRUDENCE

10

I Y
FRANCAIS

ʼ
HÉBREU

ʊ
SANSCRIT

ρ ℓℓ
EGYPTIEN

ϑ
ARCHÉOMÈTRE
SAINT - YVES

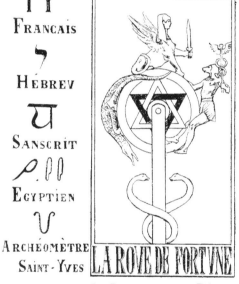

LA ROUE DE FORTUNE

m͡q
LA VIERGE
20 AOÛT

LE ROYAUME DE DIEU
L'ORDRE
LA FORTUNE

11

C FRANCAIS

⅃ HEBREV

ST SANSCRIT

∫ ARCHEOMETRE
SAINT-YVES

MARS

LA FORCE

LA FORCE DIVINE
LA FORCE MORALE
LA FORCE HVMAINE

12

L
Français

ל
Hébreu

ॼ
Sanscrit

K
Egyptien

M
Archéomètre
de Saint Yves

♎
La Balance
20 Septembre

LE PENDU.

L'accomplissement
Le Sacrifice   Moral
Le Sacrifice Physique

13

M
FRANCAIS

ד
HEBREU

म
SANSCRIT

Ͻ
EGYPTIEN

ARCHEOMETRE
de SAINT YVES

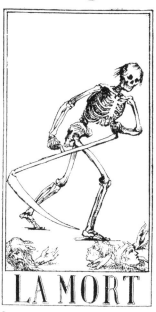

LA MORT

LETTRE
MÈRE

L'IMMORTALITÉ par CHANGEMENT
LA MORT et la RENAISSANCE
LA TRANSMUTATION des FORCES

14

N FRANCAIS

HEBREV

SANSCRIT

EGYPTIEN

ARCHÉOMÈTRE
SAINT YVES

℠ LE SCORPION
20OCTOBRE

LA TEMPÉRANCE

REVERSIBILITÉ
L'HARMONIE DES MIXTES
LA TEMPÉRANCE

15

S
Francais

ㅁ
Hebreu

श्र
Sanscrit

. .
Archéomètre
Saint Yves

→

Le sagittaire
20 Novembre

LE DIABLE

Le Destin
Le Serpent magique (l'agent magique)
La Vie Physique

16

OV
FRANÇAIS

HÉBREU

SANSCRIT

EGYPTIEN

ARCHÉOMÈTRE
SAINT YVES

LA MAISONDIEU

CAPRICORNE
20 DÉCEMBRE

DESTRVCTION par ANTAGONISME.
EQVILIBRE MATÉRIEL ROMPV
RVINE   CATASTROPHE.

17

Ph.
FRANCAIS

פ

HEBREV

SANSCRIT

EGYPTIEN

△

ARCHEOMETRE
SAINT YVES

MERCVRE

L'ETOILE

LES FORCES DIVINES NATVRELLES
LA NATVRE
FECONDITE

18

T s
FRANCAIS

﬩ ‎ HÉBREU
च

SANSCRIT
ζ

EGYPTIEN
♍

ARCHÉOMÈTRE
SAINT- YVES

LA LVNE

LE VERSEAV
20 JANVIER

DISTRIBVTION HIERARCHIQVE (Lumière)
LES FORCES OCCVLTES
LES ENNEMIS CACHÉS

19

K
FRANCAIS

ㄱ
HEBREV

क
SANSCRIT

〈 ◁
EGYPTIEN

X
ARCHÉOMÈTRE
SAINT YVES

LES POISSONS

20 FEVRIER

LE SOLEIL.

LA VRAIE LVMIÈRE
L'OR PHILOSOPHIQVE
LA VÉRITÉ FÉCONDE

20

R
FRANCAIS.

ד
HÉBREU

ξ
SANSCRIT

۱
ARCHEOMETRE
SAINT-YVES

LE JUGEMENT

ђ
SATURNE

PROTECTION DES LES FORCES DIVINES

RENAISSANCE MORALE

CHANGEMENT DE SITUATION

O (ou 21)

Sh

FRANCAIS

HEBREU

SANSCRIT

ARCHEOMETRE
SAINT-YVES

LETTRE
MÈRE

LE FOU

RVPTVRE des COMMVNICATIONS DIVINES
AVEVGLEMENT MORAL
LA MATIERE

(21 ou) 22

Th
FRANCAIS

ת
HÉBREU

ש
SANSCRIT

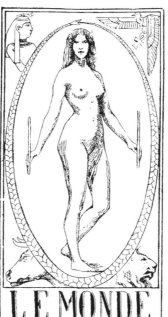

EGYPTIEN

ARCHÉOMÈTRE
SAINT YVES

LE SOLEIL

LE MONDE

L ABSOLU

REALISATION du GRANDOEUVRE

TRIOMPHE CERTAIN

ARCANES MINEURS

Voici la disposition adoptée pour les Arcanes mineurs.

Au centre, est le dessin reconstitué par Gabriel Goulinat, d'après les documents égyptiens et les travaux personnels d'Eliphas Lévi.

Les gravures annexes, qui sont au bas de chacune des lames, sont une des reproductions des talismans secrets d'Eliphas Lévi.

Autour du dessin, la carte est divisée en quatre parties : haut, bas, droite et gauche.

En haut, est le sens divinatoire d'après Etteila, pour la carte droite ; en bas, est le même sens pour la carte renversée.

Pour avoir des détails sur les sens divinatoires, il suffit de parcourir les travaux de d'Odoucet annexés au présent ouvrage (Chap. 6).

A droite, nous trouvons tout ce qui concerne le temps exact, innovation très importante dans le tirage des tarots. Il y a d'abord la correspondance des jours du mois, de 10 en 10 jours ; il y a ensuite la correspondance des quartiers de la lune, jour par jour ; il y a enfin la correspondance des heures de chaque jour.

C'est ainsi que l'as de bâton correspond du 1er au 10 mars pour le soleil, au premier jour du premier quartier de la lune et à 6 heures du matin, pour le jour. Quelques autres correspondances sont encore énoncées en bas et à droite.

A gauche, se trouve la correspondance du Tarot philosophique telle qu'elle est déterminée par *Eliphas Levi* : c'est le lien entre le *Tarot Divinatoire* et notre ouvrage sur le *Tarot des Bohémiens*, ouvrage qui sera bientôt réédité.

A^s Mineurs.

D'Etteïla

Roi de Bâton

—

Homme chef

—

Homme
de
volonté
et
d'entreprise

—

Homme brun

—

BB

*Roi
de Sceptre*

—

iod iod

—

Le Père

Roi de Bâton

23

D'Etteïla

iod-hé

L'Épouse
du Père

Dame Bâton

Femme
d'entreprise

Femme brune

BN

La Dame de Bâtons

D'Etteïla

Cavalier de Bâton

———

Marche-Départ
(Envoi à un chef)

———

Garçon brun

———

BS

iod vào

———

Conquérant
de
Puissance

Chevalier de Bâton

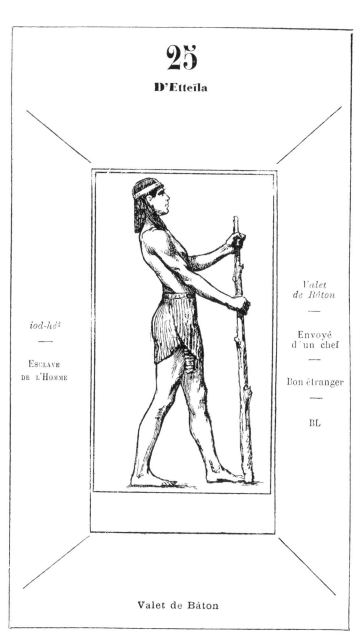

25

D'Etteïla

iod-hé²

Esclave
de l'Homme

*Valet
de Bâton*

—

Envoyé
d'un chef

Bon étranger

—

BL

Valet de Bâton

26

D'Etteïla

Trahison

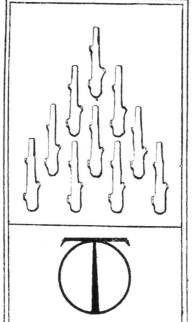

JUIN
1er
ou date incert.
Mai Juin

———

PQ à PL

———

11 h du matin
à midi

═══

Jeune femme
20 ans

———

B L N S

Barres

Dix de Bâtons

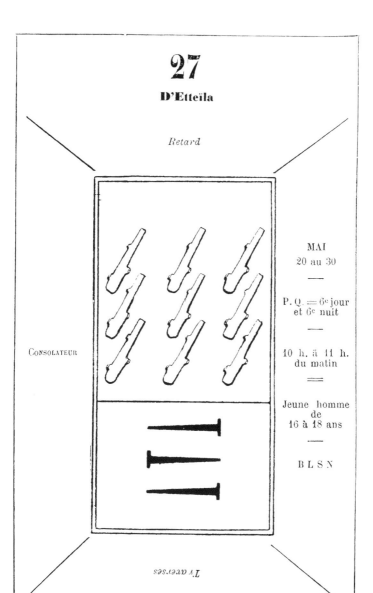

27

D'Etteïla

Retard

MAI
20 au 30

——

P. Q. = 6ᵉ jour
et 6ᵉ nuit

——

10 h. à 11 h.
du matin

==

Jeune homme
de
16 à 18 ans

——

B L S N

Consolateur

Tᵉ° reversés

Neuf de Bâtons

28

D'Etteïla

Partie de Campagne

PROVIDENCE

MAI
10 au 20

———

P. Q. = 4° nuit

———

9 h 30 du mat.

═══

Jeune fille
de 14 à 16 ans

———

B S N L

Disputes intestines

Huit de Pâtons

29

D'Etteïla

Caquets

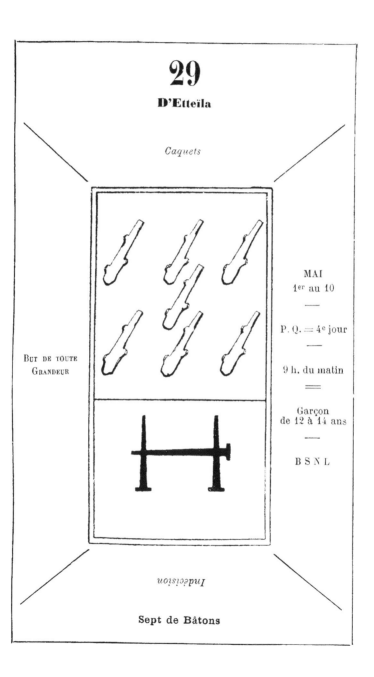

MAI
1er au 10

P. Q. = 4e jour

9 h. du matin

Garçon
de 12 à 14 ans

B S N L

BUT DE TOUTE
GRANDEUR

Indécision

Sept de Bâtons

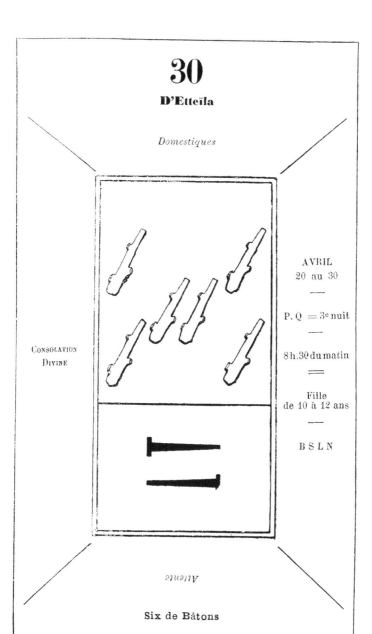

30

D'Etteïla

Domestiques

AVRIL
20 au 30

—

P. Q = 3ᵉ nuit

—

8 h. 30 du matin

=

Fille
de 10 à 12 ans

—

B S L N

Consolation
Divine

Attente

Six de Bâtons

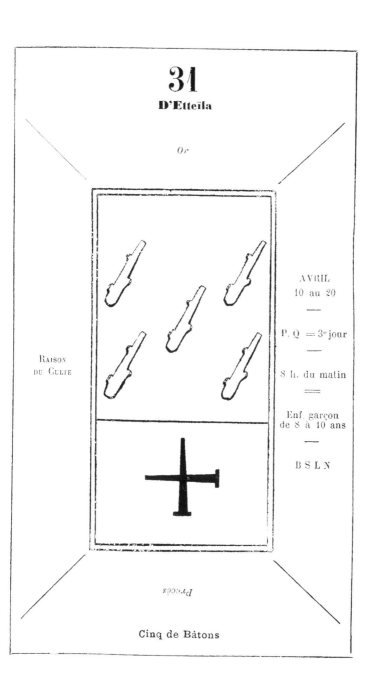

31

D'Etteïla

Or

AVRIL
10 au 20

———

P. Q = 3ᵉ jour

———

8 h. du matin

═══

Enf. garçon
de 8 à 10 ans

———

B S L N

Raison
du Culte

Procès

Cinq de Bâtons

32

D'Etteïla

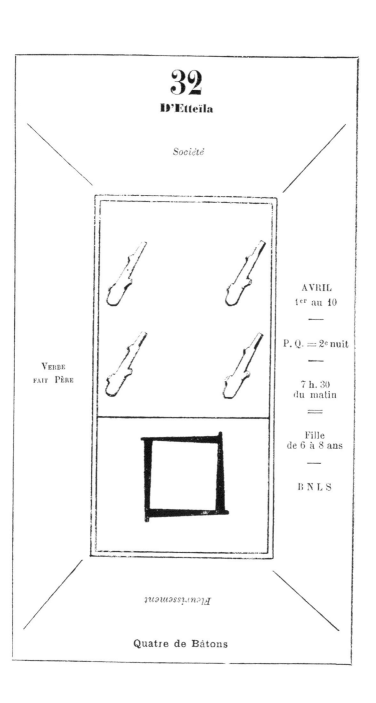

Société

AVRIL
1er au 10

——

P. Q. = 2e nuit

——

7 h. 30
du matin

══

Fille
de 6 à 8 ans

——

B N L S

Verbe
fait Père

Fleurissement

Quatre de Bâtons

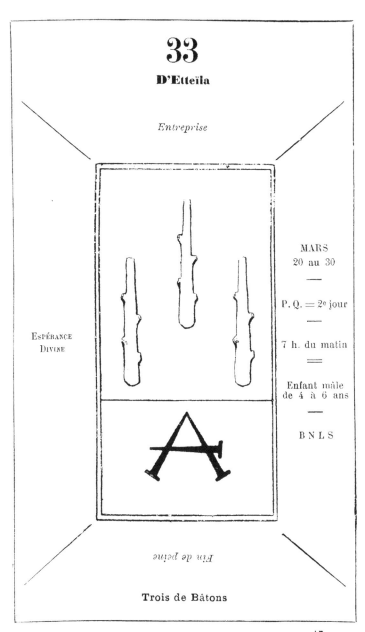

33

D'Etteïla

Entreprise

ESPÉRANCE
DIVINE

MARS
20 au 30

—

P. Q. = 2ᵉ jour

—

7 h. du matin

=

Enfant mâle
de 4 à 6 ans

—

B N L S

Fin de peine

Trois de Bâtons

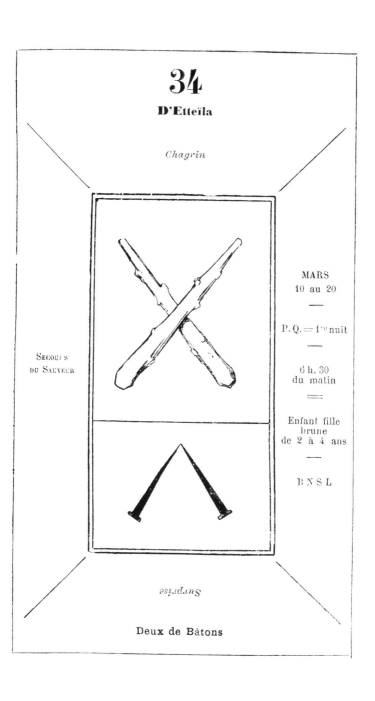

34

D'Etteïla

Chagrin

MARS
10 au 20

———

P. Q. = 1ʳᵉ nuit

———

6 h. 30
du matin

====

Enfant fille
brune
de 2 à 4 ans

———

B N S L

Secours
du Sauveur

Surprise

Deux de Bàtons

35

d'Etteila

Naissance

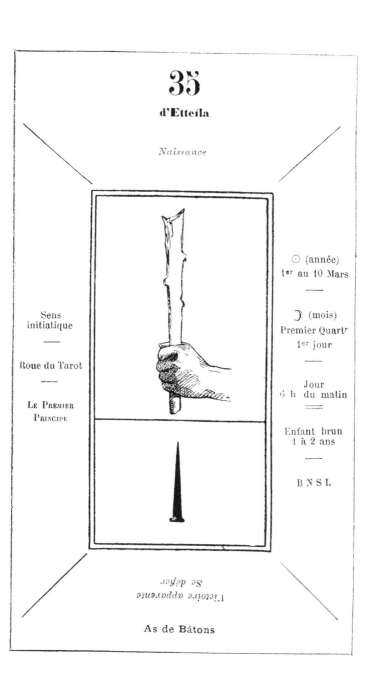

⊙ (année)
1ᵉʳ au 10 Mars

☽ (mois)
Premier Quartʳ
1ᵉʳ jour

Sens
initiatique

Jour
6 h du matin

Roue du Tarot

Le Premier
Principe

Enfant brun
1 à 2 ans

B N S L

Victoire apparente
Se défier

As de Bàtons

36

D'Etteïla

hé iod

—

L'Époux
de la Mère

Roi de Coupes

—

Homme
de Robe

—

Homme blond

—

Homme
effiminé.

NB

Roi de Coupes

37

D'Etteïla

hé-hé

Maîtresse
d'elle même

*Dame
de Coupes*

—

Dame de robe
blonde

—

Dame d'amour

—

NN

Dame de Coupes

38

D'Etteïla

hé vâo

—

Conquérant
du
Bonheur

*Cavalier
de Coupes*

—

Cavalier
amoureux

—

Arrivée

—

NS

Cavalier de Coupes

39

D'Etteïla

hé² hé

—

ESCLAVE
DE
LA FEMME

*Valet
de Coupes*

—

Garçon blond

—

Courrier
d'amour

—

NL

Valet de Coupes

40

D'Etteïla

La Ville où l'on est

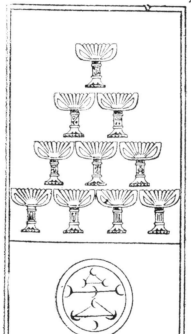

AOUſ
31
au 1er sept^{bre}

D. Q. = 7^e jour

6 heures soir

Prêtre à prendre

Dix de Coupes

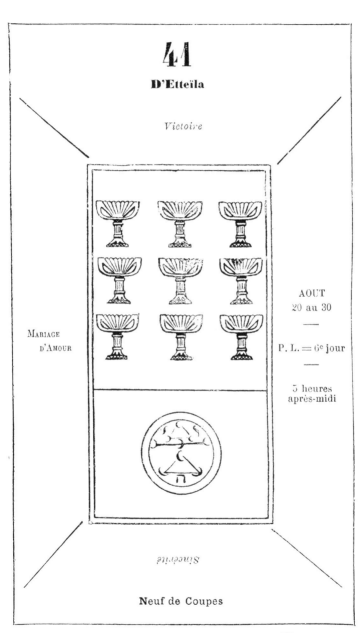

41

D'Etteïla

Victoire

MARIAGE
D'AMOUR

AOUT
20 au 30

———

P. L. = 6e jour

5 heures
après-midi

Sincérité

Neuf de Coupes

42

D'Etteïla

Fille blonde

AOUT
10 au 20

——

P. L. = 5ᵉ jour

——

4 heures
après-midi

Amour du Juste

Fête, Gaieté

Huit de Coupes

43

D'Etteïla

La Pensée

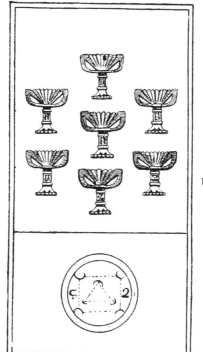

SCIENCE
DE L'AMOUR

AOUT
1er au 10

———

P. L. = 4e jour

———

3 heures
après-midi

Projets

Sept de Coupes

D'Etteïla

Le Passé

JUILLET
20 au 30

———

P. L. — 3ᵉ nuit

———

2 h. 30
après midi

L'Avenir

Six de Coupes

45

D'Etteïla

Héritage

ALLIANCE
D'AMOUR

JUILLET
10 au 20

———

P. L. = 3ᵉ jour

———

2 heures
après-midi

Faux projet

Cinq de Coupes

46

D'Etteïla

Ennui

LA FORCE
DU BIEN

JUILLET
1 à 10

———

P. L. = 2ᵉ nuit

———

1 h. 30
après midi

Nouvelle connaissance

Quatre de Coupes

47

D'Etteïla

Réussite

LA BONTÉ

JUIN
20 au 30

———

P. L. = 2ᵉ jour

———

1 heure
après-midi

Expédition d'affaires

Trois de Coupes

48

D'Etteïla

Amour

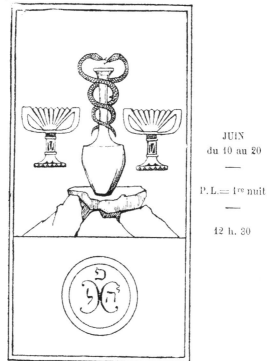

Le Salut

JUIN
du 10 au 20

———

P. L. = 1ʳᵉ nuit

———

12 h. 30

Désir

Deux de Coupes

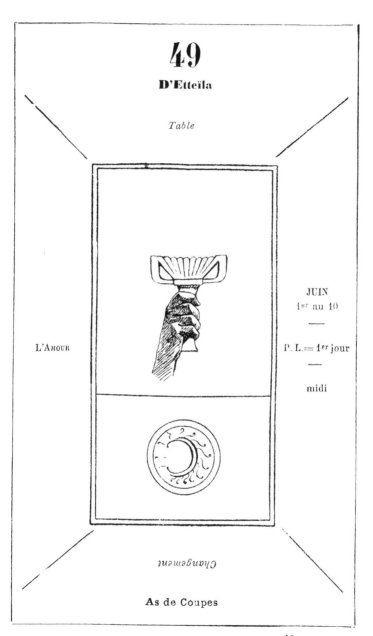

49

D'Etteïla

Table

L'Amour

JUIN
1er au 10

—

P. L.= 1er jour

—

midi

Changement

As de Coupes

19

50

D'Etteïla

Roi d'Epées

—

Homme
de combat
d'Action

—

Homme
de justice

—

Homme brun
ou rouge

—

SB

vâo iod

—

Le Prince
d'Amour

Roi d'Epées

51

D'Etteïla

Dame d'Epées

*Femme
d'action*

Femme veuve
ou agissant
par elle-mème

SN

vdo-he

Princesse
d'amour

Dame d'Epées

52

D'Etteïla

câo vâo

—

Conquérant
d'Amour

*Cavalier
d'Epées*

Militaire

—

SS

Cavalier d'Epées

53

D'Etteïla

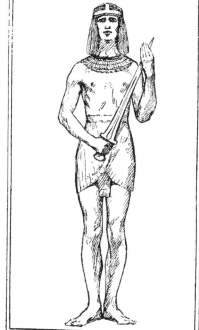

iod·he²

——

Esclave
d'Amour

Valet d'Epées

——

Envoyé
d'ennemis

——

SL

Valet d'Epées

54

D'Epées

Fleurs

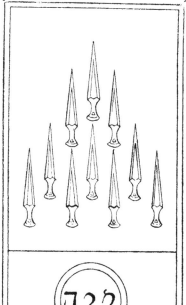

DÉCEMBRE
1er

—

D. Q. = 7e jour

—

Minuit (24)

כבה

*Événement fâcheux qui tourne
à profit*

Dix d'Epées

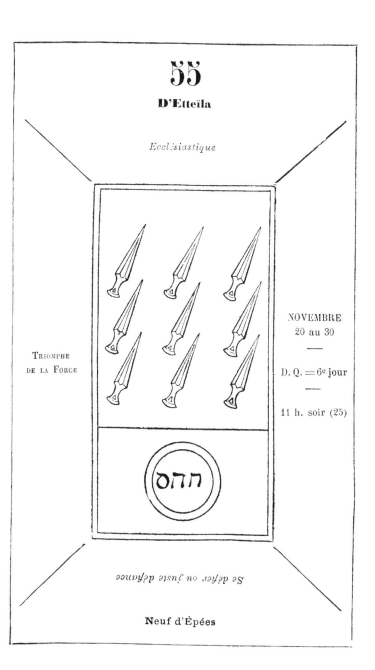

55

D'Etteïla

Ecclésiastique

NOVEMBRE
20 au 30

—

D. Q. = 6ᵉ jour

—

11 h. soir (25)

Triomphe
de la Force

חחס

Se défier ou juste défiance

Neuf d'Épées

56

D'Etteïla

Maladie dite de N. (avarie)

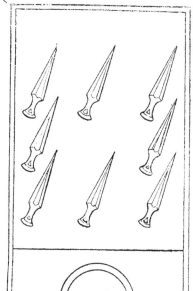

EQUILIBRE
DE LA FORCE
MATÉRIELLE

NOVEMBRE
10 au 20

——

D. Q. = 5e jour

——

10 h. soir (22)

Trahison passée

Huit d'Epées

57

D'Etteïla

Esperance

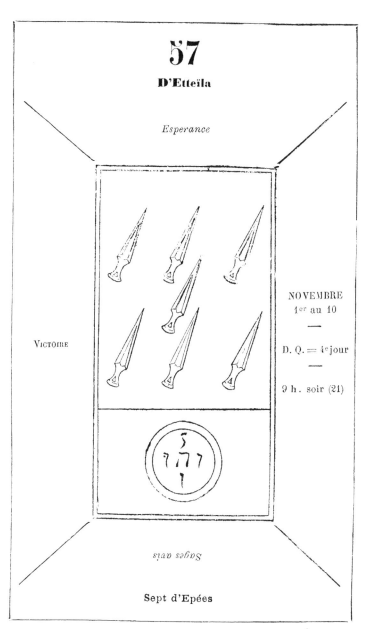

VICTOIRE

NOVEMBRE
1er au 10

—

D. Q. = 4e jour

—

9 h. soir (21)

Sages avis

Sept d'Epées

58

D'Etteïla

Envoyé, Commissionnaire

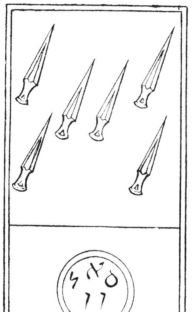

HARMONIE

OCTOBRE
20 au 30

———

D Q. = 3ᵉ nuit

8 h. 30 soir
(20 h. 30)

L'déclaration d'Amour

Six d'Epées

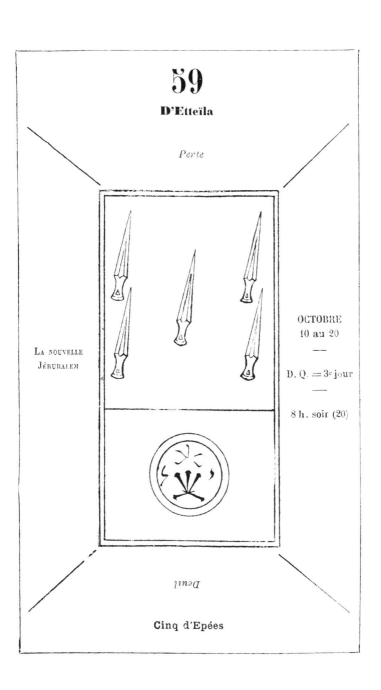

59

D'Etteïla

Perte

La nouvelle
Jéruralem

OCTOBRE
10 au 20

—

D. Q. = 3ᵉ jour

—

8 h. soir (20)

Deuil

Cinq d'Epées

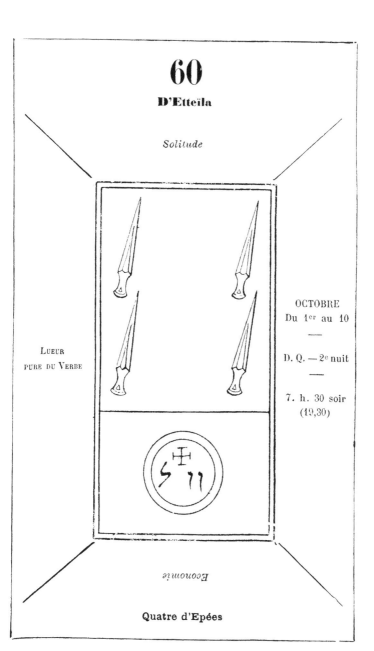

60

D'Etteïla

Solitude

OCTOBRE
Du 1ᵉʳ au 10

—

D. Q. — 2ᵉ nuit

—

7. h. 30 soir
(19,30)

Lueur
pure du Verde

Economie

Quatre d'Epées

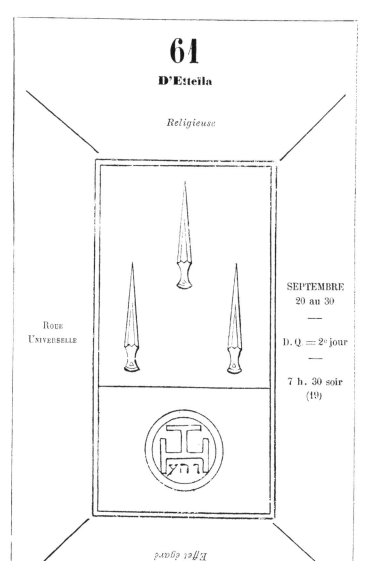

61

D'Etteïla

Religieuse

Roue Universelle

SEPTEMBRE
20 au 30

—

D. Q. = 2ᵉ jour

—

7 h. 30 soir
(19)

Effet égaré

Trois d'Epées

62

D'Etteïla

Amitié

SEPTEMBRE
Du 10 au 20

———

D. Q = 1ʳᵉ nuit

6 h. 30 soir
(18 h. 30)

EQUILIBRE
POLITIQUE

Amis inutiles ou faux amis
Parents peu utiles

Deux d'Epées

63

D'Etteila

Amours folles

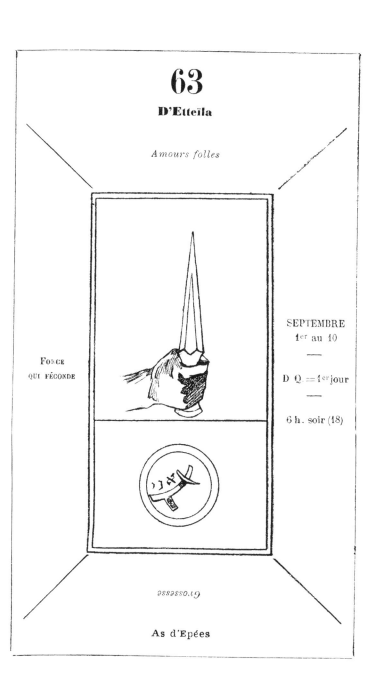

SEPTEMBRE
1er au 10

———

D Q = 1er jour

———

6 h. soir (18)

FORCE
QUI FÉCONDE

Grossesse

As d'Epées

64

D'Etteïla

Le Père
Créateur

Roi
de Deniers

———

Homme
d'intérieur

———

Homme
châtain-clair

———

Commerçant

———

LB

Roi de Deniers

65

D'Etteïla

Dame
de Deniers

Femme
d'intérieur

Commerçante

Femme riche

LN

Maitresse
des Enfants

Dame de Deniers

66

D'Etteïla

Conquérant des
Œuvres

Cavalier
des Deniers

—

Voyageur

—

Homme utile

—

LS

Cavalier des Deniers

67

D'Etteïla

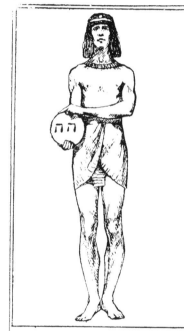

ESCLAVE
DES ŒUVRES

———

LE VALET
DES ENFANTS
OU
DES CERCLES

*Valet
de Deniers*

———

Envoyé d'amis

———

Courrier
d'argent

———

LL

Valet de Deniers

68

D'Etteïla

La Maison

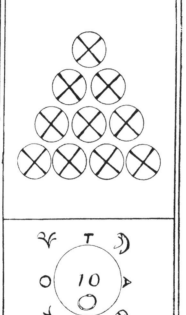

29 FÉVRIER
au
1ᵉʳ MARS
(année bissextile)

———

N. L. = 7ᵉ jour

———

P. Q. = 6 h.
matin

Loterie

Dix de Deniers

69

D'Etteïla

Effet

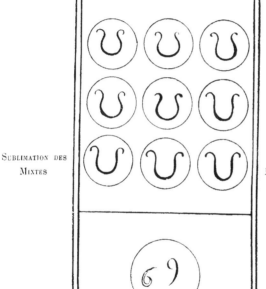

FÉVRIER
20 au 28

—

N. L. = 6ᵉ jour

—

5 h. (nuit)

Sublimation des Mixtes

Duperie

Neuf de Deniers

70

D'Etteïla

Fille brune

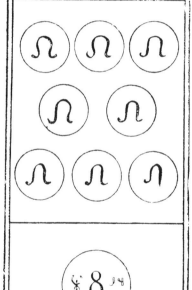

JUSTICE
INCARNÉE

FÉVRIER
10 au 20

—

N. L. = 5ᵉ jour

—

4 h. (nuit)

Usure

Huit de Deniers

71

D'Etteïla

Argent

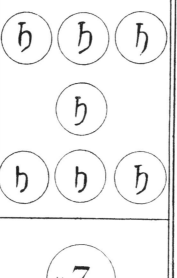

VICVOIRE
MATÉRIELLE

FEVRIER
1er au 10

———

N. L. = 4e jour

———

3 h. (nuit)

Inquiétudes

Sept de Deniers

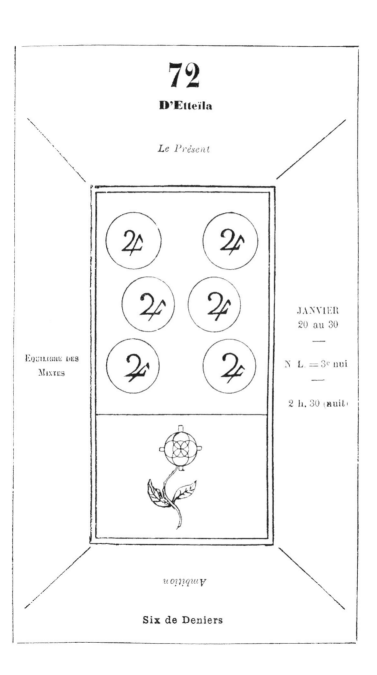

72

D'Etteila

Le Présent

ÉQUILIBRE DES
MIXTES

JANVIER
20 au 30

—

N. L. = 3ᵉ nui

—

2 h. 30 (nuit)

Ambition

Six de Deniers

73

D'Etteïla

Amant ou Maître

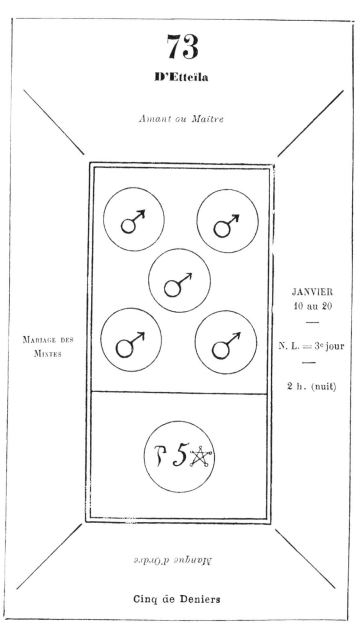

JANVIER
10 au 20

—

N. L. = 3e jour

—

2 h. (nuit)

Mariage des Mixtes

Manque d'Ordre

Cinq de Deniers

74

D'Etteïla

C'est un Présent

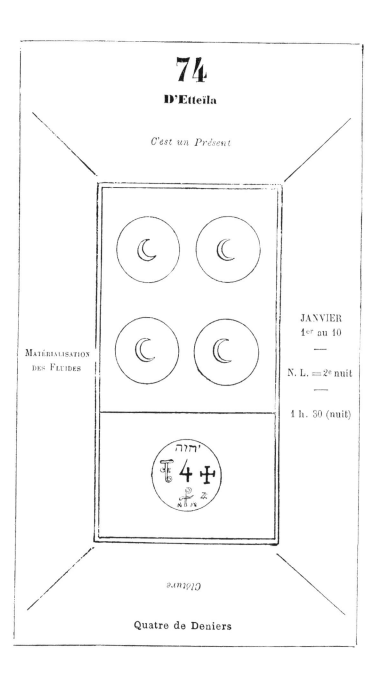

MATÉRIALISATION
DES FLUIDES

JANVIER
1ᵉʳ au 10

———

N. L. = 2ᵉ nuit

———

1 h. 30 (nuit)

Clôture

Quatre de Deniers

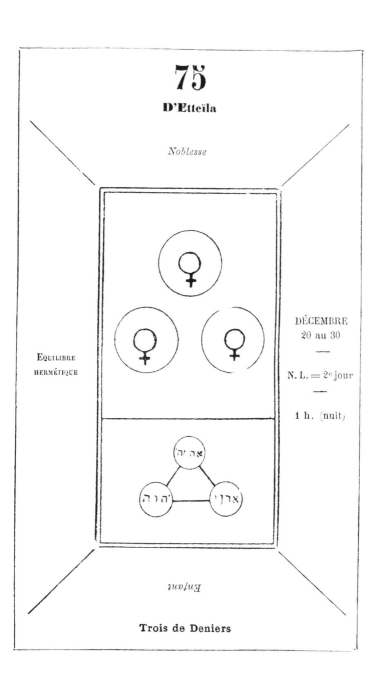

75

D'Etteïla

Noblesse

DÉCEMBRE
20 au 30

—

N. L. = 2ᵉ jour

—

1 h. (nuit)

EQUILIBRE
HERMÉTIQUE

Enfant

Trois de Deniers

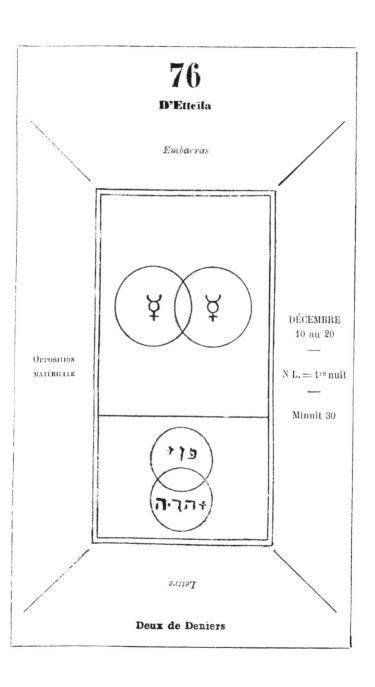

76

D'Etteïla

Embarras

DÉCEMBRE
10 au 20

—

N L. = 1re nuit

—

Minuit 30

OPPOSITION
MATÉRIELLE

Lettre

Deux de Deniers

77

D'Etteïla

Parfait contentement

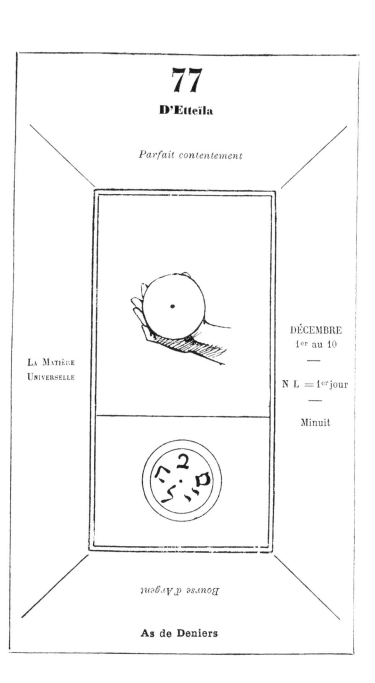

DÉCEMBRE
1er au 10

—

N L = 1er jour

—

Minuit

La Matière
Universelle

Bourse d'Argent

As de Deniers

SAINT-AMAND (CHER). — IMPRIMERIE BUSSIERE

Printed in Great Britain
by Amazon.co.uk, Ltd.,
Marston Gate.